DU TRAITEMENT

DES ANKYLOSES

EXAMEN CRITIQUE

DES DIVERSES MÉTHODES

PAR

LE Dr DELORE

Chirurgien-major désigné de la Charité,
Membre des Sociétés de médecine et des Sciences médicales de Lyon,
Professeur à l'Ecole de médecine de la même ville,
etc., etc.

MÉMOIRE LU AU CONGRÈS MÉDICAL DE LYON
Avec 6 figures intercalées dans le texte.

PARIS

VICTOR MASSON ET FILS

PLACE DE L'ÉCOLE-DE-MÉDECINE

M DCCC LXIV

DU TRAITEMENT

DES ANKYLOSES.

DU TRAITEMENT

DES ANKYLOSES

EXAMEN CRITIQUE

DES DIVERSES MÉTHODES

PAR

LE Dr DELORE

Chirurgien-major désigné de la Charité,
Membre des Sociétés de médecine et des Sciences médicales de Lyon,
Professeur à l'Ecole de médecine de la même ville,
etc., etc.

MÉMOIRE LU AU CONGRÈS MÉDICAL DE LYON
Avec 6 figures intercalées dans le texte.

PARIS

VICTOR MASSON ET FILS

PLACE DE L'ÉCOLE-DE-MÉDECINE

M DCCC LXIV

DU TRAITEMENT
DES ANKYLOSES.

En publiant ce travail, mon but est moins de produire une nouvelle méthode thérapeutique et des instruments nouveaux que de faire connaître les faits que j'ai observés et les réflexions qu'ils m'ont inspirées.

Les travaux de Bonnet sur les ankyloses ont fait adopter sa méthode par un grand nombre de praticiens; cette vulgarisation fut peut-être un peu prématurée; car l'illustre chirurgien de Lyon, dont l'intelligence était exclusivement vouée au progrès et destinée à chercher sans cesse des voies nouvelles, avait manqué de temps pour perfectionner l'œuvre que son génie chirurgical lui avait permis d'édifier rapidement; il n'avait encore pu, dans ses publications, établir des préceptes positifs sur les indications que réclament les cas si divers de la pratique; poser une importante distinction entre les affections qui méritent l'intervention de l'art et celles qui exigent l'expectation; prémunir enfin, en apportant une masse de faits heureux, les chirurgiens contre les craintes qui ont surgi dans l'esprit de beaucoup au premier accident imputable à la méthode.

J'ai été assez heureux pour avoir suivi toutes les phases du traitement institué par Bonnet, pour avoir assisté ou pris part à un grand nombre de redressements d'ankyloses pratiqués par lui ; depuis lors, dans divers services hospitaliers, j'ai pu continuer les traditions du maître et y faire même quelques modifications qui m'ont paru utiles.

Comme toute méthode thérapeutique doit être jugée en dernier ressort par des faits, j'ai tenu à placer à la fin de ce travail un grand nombre d'observations. Plusieurs sont incomplètes, je le sais, soit au point de vue de l'ancienneté ou de la gravité du mal, soit au point de vue du résultat définitif ; mais elles portent encore avec elles d'utiles enseignements ; elles peuvent démontrer, par exemple, l'innocuité de l'assouplissement. Souvent le mouvement ne s'est pas immédiatement rétabli, mais au moins le sujet a l'avantage de posséder un membre ankylosé dans une bonne direction. Quelques-unes enfin témoignent de l'impuissance de l'art, lorsque la lésion articulaire a dépassé une certaine limite, et à ce titre, elles ont encore quelque importance.

Définition des ankyloses. — On appelle *ankylose* l'abolition ou seulement la diminution des mouvements d'une articulation.

Division. — On a divisé les ankyloses en complètes et incomplètes. Au point de vue du traitement, on doit les diviser en ankyloses *qu'on peut rompre* et ankyloses *qu'on ne peut rompre.* Cette distinction possède une importance pratique réelle ; de plus, elle me paraît être l'expression de la vérité, car certaines jointures jouissent d'un mouvement peu étendu, et cependant les efforts de rupture les plus énergiques échouent pour en augmenter l'amplitude.

On peut encore distinguer les ankyloses simples, les ankyloses compliquées et celles avec persistance de la maladie qui les engendre. C'est exclusivement de l'ankylose sans persistance de l'affection qui l'a produite dont je veux m'occuper dans ce travail.

L'ankylose est caractérisée par l'induration des tissus fibreux normaux, par l'épaississement des ligaments et de la synoviale qui perdent leur souplesse et leurs fonctions, par la transformation en tissu fibreux des muscles, qui sont ainsi privés de leur élasticité, de leur contractilité, et qui s'unissent par des adhérences avec les gaines aponévrotiques; par l'altération des surfaces articulaires dont les cartilages disparaissent, dont les os se déforment et se soudent même quelquefois par une ossification vicieuse.

Ces lésions que nous montre l'anatomie pathologique sont décourageantes pour le thérapeutiste; il est cependant très-important de les connaître, quand il s'agit de porter un pronostic, au point de vue du rétablissement du mouvement, par exemple.

Les ankyloses succèdent aux tumeurs blanches, aux rhumatismes, aux traumatismes des jointures, aux maladies des extrémités des os, quelquefois même à des lésions des parties molles voisines, abcès, rétractions musculaires, pieds bots, surtout le pied plat valgus; à des ulcères, des brûlures qui amènent des cicatrices profondes; aux fractures et à toutes les causes qui produisent l'immobilité en même temps que des épanchements plastiques.

L'ankylose est, dans tous les cas, un phénomène morbide grave, car il prive le malade de la liberté des mouvements d'une articulation quelquefois très-importante. Cependant, dans certaines circonstances, c'est un pis-aller; ainsi, on cherche l'ankylose quand il y a carie des extrémités articulaires; des fongosités qui ne se résolvent ou qui suppurent; l'ankylose est alors la cicatrice d'une affection grave dont la persistance peut menacer l'économie.

Il serait opportun de savoir combien de temps une articulation doit être immobilisée pour subir le phénomène de l'ankylose; malheureusement nous ne pouvons avoir à cet égard que des données approximatives. L'âge possède une grande influence; il suffit de quelques jours pour que les articulations voisines d'une fracture soient ankylosées chez une personne âgée; il n'en est point de même chez les

enfants. S'il existe une tumeur blanche grave chez un suje
de mauvaise constitution, on fera vainement de l'immobilité
prolongée sans obtenir l'ankylose ; si le sujet est vigoureux,
il se produira rapidement chez lui du tissu fibreux qui es^t
en même temps le tissu des ankyloses.

Un diagnostic précis de l'état anatomique de la jointure
est indispensable pour un traitement efficace ; si la mem-
brane synoviale a subi des lésions sérieuses ; si les cartilages
ont en partie disparu, on doit perdre l'espoir de rétablir le^s
mouvements, si ce n'est dans une époque fort éloignée. Si
les surfaces articulaires sont profondément altérées et en
partie résorbées, on doit hésiter même à changer la forme
qui leur a été imprimée par la maladie.

Ces préliminaires m'ont paru devoir précéder l'étude des
ankyloses susceptibles d'être rompues.

TRAITEMENT.

DIFFICULTÉS DE LA CURE. — On se tromperait étrange-
ment si l'on pensait réussir facilement dans le traitement
des ankyloses ; le caractère essentiel des maladies qui tou-
chent au système osseux est la durée, et les ankyloses ne
font point exception à cette loi. De plus, leur marche est
toujours influencée par l'état général. La guérison exigera
donc du temps, de la vigilance et une suite non-interrompue
de remèdes appropriés. Bonnet, qui avait une confiance
très-grande dans la puissance de son art, ne méconnaissait
point les obstacles qu'il avait à vaincre, et il employait pour
cela tous les moyens thérapeutiques que lui suggéraient
un esprit fertile en ressources et un ardent désir de guérir
ses malades. On voit quelquefois, pendant le cours du traitement, surgir des complications inattendues : une maladie
intercurrente, par exemple ; quelquefois c'est la nature im-
pressionnable du malade qui arrête et paralyse les efforts du
chirurgien ; c'est une sensibilité trop vive qui ne peut subir
la douleur sans que le système nerveux réagisse tout entier.
Dans d'autres circonstances, c'est le caractère du sujet qui
est d'une extrême pusillanimité et qui se refuse aux tentatives les plus simples et les plus rationnelles.

RUPTURE. — Une jointure est fréquemment ankylosée
dans une situation vicieuse qui ne permet pas la fonction du
membre ; le chirurgien doit alors se proposer de placer les
os dans une position préférable ; il l'obtient au moyen de
la rupture encore appelée *redressement*, mot impropre, car
c'est souvent une *flexion* qu'on se propose d'obtenir, mais
que nous conserverons, parce qu'il est passé dans le langage
habituel.

IMPORTANCE D'UNE BONNE SITUATION. — Les auteurs ont
soigneusement indiqué la position à donner à chaque join-

ture ; le poignet sera placé en position rectiligne ; le coude
à angle droit, ainsi que le pied ; le genou sera redressé et
la hanche également. Il y a cependant des chirurgiens qui,
pour cette dernière jointure, préfèrent une flexion légère
qui permette de s'asseoir plus commodément. Bonnet atta-
chait une grande importance à la bonne situation pour amener la résolution du mal, et il a fait partager ses convictions
à la plupart des praticiens.

TUTEUR. — Le redressement du membre permet aussi
l'application d'un tuteur et rend la marche possible. On
trouvera parmi les observations des cas où la vicieuse position d'un membre le rendait plus nuisible qu'utile ; car le
sujet ne pouvait marcher, et l'application d'un tuteur était
impossible (voir obs. 29, 33, 41, 42). C'est ce qui arrive
quand le pied est à angle obtus, quand le genou est à angle
aigu, etc.

Le but définitif qu'on cherche en donnant une nouvelle
situation, c'est de permettre la fonction. Le pied à angle
droit, le genou et la hanche rectilignes permettent la marche. La flexion permanente d'un doigt empêche la préhension de la main ; il y a donc indication de la redresser.

Lorsqu'une ankylose est susceptible d'être rompue, il y
a trois méthodes applicables, la *rupture immédiate*, le *redressement lent* et enfin une combinaison de ces deux moyens
ou la *méthode mixte*.

HISTORIQUE. — Ces moyens sont d'invention moderne,
quoique dans les ouvrages anciens on retrouve quelques
tentatives isolées faites pour redresser des ankyloses ; on
avait recours à des poids, à des exercices ; Fabrice de Hilden
imagina cependant des machines. Mais tous ces essais eurent si peu de faveur que Richerand, en 1812, après avoir
conseillé les douches, les bains tièdes et les frictions pour
fluidifier la graisse, défendait, en cas d'insuccès, de détruire
l'ankylose, quelque vicieuse fût-elle, de peur d'inflammation
et de carie. En 1846, M. Nélaton disait qu'après les dou-

ches, les pommades et les eaux minérales, on devait recourir aux machines, mais que l'ankylose incomplète seule permettait d'espérer quelque résultat. Aujourd'hui, grâce au sommeil anesthésique et aux méthodes nouvelles, nous réussissons fréquemment dans des ankyloses appelées autrefois complètes.

RUPTURE BRUSQUE ET INSTANTANÉE. — Si le chirurgien redresse ou fléchit une articulation d'un seul coup, l'opération est appelée *brusque et instantanée*; s'il agit peu à peu, quoique dans une seule séance, la rupture est dite *immédiate et progressive*.

Le redressement brusque et instantané est quelquefois mis en pratique par la nature dans les cas où une chute produit la rupture d'une ancienne ankylose; quelques chirurgiens ont voulu marcher sur ces traces, et ils sont entrés dans une voie déplorable. Ce procédé est, en effet, irrationnel; on emploie, pour produire la rupture instantanée, une force dont on ne peut parfois calculer les limites et qui doit nécessairement produire des accidents.

En 1839, M. Louvrier fit construire une machine pour redresser les ankyloses du coude et du genou; mais en opérant violemment, il déchirait les ligaments, les tendons, les tissus pathologiques qui maintenaient les surfaces articulaires. A. Bérard, chargé d'un rapport à l'Académie de Paris, conclut que cette méthode était dangereuse et que plusieurs fois la mort en avait été la conséquence. Louvrier a dû cependant réussir quelquefois et rencontrer certains cas favorables qui l'ont encouragé à propager ses idées. Quoique cette manière d'agir brusquement et instantanément avec la main soit encore pratiquée par certains chirurgiens, elle est défectueuse et peut avoir de tristes conséquences. Nous aurons occasion d'y revenir à propos du chapitre des accidents.

RUPTURE IMMÉDIATE MAIS PROGRESSIVE. — J'arrive maintenant à la méthode de Bonnet. Elle consiste, après avoir poussé l'éthérisation jusqu'à résolution musculaire complète, à pratiquer des mouvements dans la jointure avec beaucoup de prudence et dans la limite des mouvements existant déjà ; puis peu à peu, par des efforts légers et continus, cette limite est dépassée, et l'on arrive à la situation voulue, redressement dans certains cas, flexion dans d'autres. Si l'ankylose résistait, Bonnet pratiquait des sections musculaires et tendineuses. Le redressement étant fait, il enveloppait le membre dans un bandage amidonné, en ayant bien soin, pour obtenir l'immobilité, d'entourer la jointure située au-dessus. Au bout de quinze jours, quand il supposait le traumatisme passé, il essayait, par des mouvements, de ramener graduellement la mobilité articulaire, soit avec les mains, soit avec une série d'appareils imaginés dans ce but.

PRIORITÉ. — On a soulevé des questions de priorité au sujet de cette méthode ; on ne peut nier que de tout temps des ankyloses n'aient été redressées. Bonnet reconnaissait avoir profité, pour l'ankylose du genou, des idées de Dieffenbach qui rupturait en commençant par la flexion ; de celles de M. Palasciano, qui sectionnait le triceps ; mais là n'est pas toute la méthode ; c'est lui qui a rendu un véritable service en montrant l'importance de procéder par une série alternative de flexions et d'extensions, douces, graduées et allant jusqu'à la limite extrême des mouvements naturels. En 1840, Bonnet redressait déjà ; dans son ouvrage (*Maladies articulaires*) publié en 1845, il cite un certain nombre de faits qui le prouvent. Mais la méthode ne pouvait être alors constituée définitivement, car l'éthérisation n'était pas encore inventée ; aussi, dans son mémoire (*Gazette médicale*) publié en 1850, il démontre toute l'importance de l'anesthésie ; il comprenait qu'une ère nouvelle apparaissait pour le traitement des ankyloses, et qu'il devait faire subir une transformation à ses procédés de redressement. En 1850, Langenbeck publia aussi un travail sur les ankyloses du genou; il ne s'agissait point ici de méthode particulière, mais seulement de trois faits heureux obtenus à l'aide de l'éthérisation, dont ce chirurgien n'était point certainement le premier à se servir pour des cas semblables. Une idée féconde qui n'a pas été contestée à Bonnet, c'est d'employer le redressement pour *la cure de la maladie*; avant lui on respectait l'attitude. Le redressement des ankyloses porte donc à juste titre le nom de Bonnet.

ÉTHÉRISATION.— La rupture des ankyloses par le procédé dont je parle est, à mon avis, un des remarquables bienfaits dont l'éthérisation a doté la chirurgie. Pour opérer ainsi, il est important, sans doute, que le patient soit endormi pour ne pas sentir les atroces douleurs qu'il aurait à endurer sans cela; mais de plus, il faut que ses muscles soient dans un relâchement complet, pour ne pas s'opposer aux mouvements que le chirurgien veut produire et exiger ainsi un redoublement d'efforts qui exposerait à une fracture.

L'éther me paraît de beaucoup préférable au chloroforme; ce dernier agent est tellement redouté, même par les chirurgiens qui l'emploient le plus habituellement, qu'avec lui on hésite à produire la résolution musculaire qu'exige une rupture d'ankylose. A Lyon, il n'est, je crois, pas un seul chirurgien qui ne produise avec l'éther ce relâchement muscu'aire, qui est si important que sans lui on est conduit à employer des opérations chirurgicales parfaitement inutiles dans la majorité des cas et qui peuvent même quelquefois être nuisibles.

ASSOUPLISSEMENT. — Je ne reviendrai pas sur la manière de pratiquer ce temps de l'opération; j'insisterai seulement sur quelques points particuliers. Il faut fixer solidement le segment supérieur de la jointure qu'on veut mobiliser; les mains des aides suffisent habituellement. Pour la hanche, M. Blanc a imaginé un étau qui rend souvent des services. Le malade étant alors profondément endormi, on peut poser un diagnostic précis, constater si l'ankylose est complète ou incomplète. En imprimant des mouvements, il faut maitriser ses efforts et ne jamais dépasser une certaine force.

Il y a certains mouvements qui sont dangereux dans certaines jointures; la flexion expose à la fracture de la rotule ou de son ligament au genou et de l'olécrane au coude. La rotation et l'abduction doivent être employées avec une précaution extrême à la hanche. Si l'on rencontre une résistance que l'on ne puisse pas vaincre, il ne faut pas insister dans le même sens, mais essayer de tourner la difficulté en faisant des mouvements contraires. J'ai vu dans un cas Bonnet rompre tous les ligaments latéraux d'un coude dont il ne pouvait autrement briser l'ankylose; il lui fut ensuite possible de le placer dans la demi-flexion; aucun accident ne survint. Pour la hanche, Bonnet, partant de cette idée que la tête du fémur avait diminué de volume, que le cotyle était agrandi sous l'influence de la maladie qui avait produit l'ankylose, exerçait des mouvements de va-et-vient sur le fémur, c'est-à-dire des tractions et des refoulements; ces manœuvres, qui étaient destinées à favoriser la rupture des adhérences vicieuses, n'avaient évidemment plus leur raison d'être, quand les surfaces osseuses avaient conservé leur forme normale; en tout cas, elles ne pouvaient avoir aucun inconvénient.

En faisant mouvoir une articulation ankylosée, on perçoit le plus souvent des frottements rugueux qui sont l'indice de l'altération des cartilages et qui sont d'un fâcheux pronostic pour le rétablissement des mouvements. On entend aussi des craquements qui sont dus à la rupture des liens fibreux pathologiques; ils sont quelquefois très-forts; on les entend à distance, et ils peuvent en imposer pour des fractures.

L'assouplissement d'une jointure, suivant la pittoresque expression de Bonnet, a pour but de faire exécuter à une jointure tous les mouvements dont elle est capable à l'état normal; il a pour avantages d'impliquer le précepte de procéder avec douceur, et de plus, si les mouvements doivent se reproduire, ils le font dans une étendue plus grande (voir obs. 25, 26).

BANDAGE AMIDONNÉ. — Une jointure dont on a rompu l'ankylose vient de subir un véritable traumatisme ; il est donc rationnel d'en atténuer les conséquences. Un bon moyen pour y parvenir est l'application d'un bandage amidonné. Il a pour avantages : d'entretenir une température uniforme, de maintenir les parties dans l'immobilité ; enfin il s'oppose à l'inflammation par la compression régulière qu'il exerce sur le membre entier. Une bonne précaution, c'est d'appliquer beaucoup de coton au niveau des points douloureux et des saillées osseuses. Le bandage amidonné n'est point indispensable, mais il est utile pour prévenir les douleurs qui apparaissent quelquefois immédiatement quand on l'enlève trop hâtivement.

ÉPOQUE OU L'ON DOIT ENLEVER LE BANDAGE. — Si l'on espère le rétablissement des mouvements, il faut laisser le membre pendant un certain temps sous le bandage amidonné. La détermination de ce temps offre quelque importance. La règle à laquelle je me suis arrêté, c'est de n'enlever le bandage qu'au moment où le sujet peut se servir de son membre sans douleur, où il peut exécuter la préhension avec la main, ou bien la marche avec le membre inférieur. Ce temps, pour les cas ordinaires, varie de quinze jours à un mois ; il n'est pas assez prolongé pour ôter toute chance de mobilité. Chercher à produire des mouvements les jours qui suivent la rupture m'a toujours paru une pratique mauvaise ou du moins inutile.

Quand on se résigne à n'avoir plus désormais qu'une articulation ankylosée, on doit laisser longtemps le bandage en place ; la jointure acquiert plus de solidité et perd sa tendance à reprendre la vicieuse situation qu'on a voulu corriger. Ce temps peut durer plusieurs mois. J'ai vu, sans inconvénient sérieux, comme aussi sans avantage, laisser les bandages amidonnés pendant plus d'une année.

DU REDRESSEMENT LENT.

Les procédés au moyen desquels on se propose de fléchir ou d'étendre lentement une articulation avec l'aide de divers appareils sont nombreux et depuis longtemps employés. Mellet ayant le premier fait un travail sur le redressement lent, cette méthode porte son nom dans quelques ouvrages. Le premier procédé employé par Bonnet, et qui est encore à Lyon d'un usage fréquent, est la gouttière articulée dans laquelle le membre est fixé avec des courroies et progressivement étendu. Ce procédé est bon pour les cas simples dont il triomphe souvent; mais il présente quelques inconvénients : le malade est obligé de garder le lit pendant toute la durée de son redressement, et la traction ne se fait pas avec continuité ; cela suffit pour causer des échecs.

REDRESSEMENT CONTINU. — Tous les fabricants d'instruments ont imaginé des instruments munis de ressorts, afin de produire une extension ou une flexion permanentes sur les articulations; ceux que nous employons à Lyon sont dus au génie inventif de M. Blanc, qui saisit fort bien toutes les indications chirurgicales à remplir.

On peut employer la traction continue de deux façons fort différentes. Chez les enfants, où le redressement est toujours beaucoup plus facile, et chez les adultes, mais seulement dans les cas simples, on peut appliquer un tuteur qui est muni d'un appareil spécial à traction continue. Pour les cas difficiles, il est important d'entourer le membre d'un bandage amidonné.

TUTEURS A TRACTION CONTINUE. — J'ai déjà décrit les appareils de M. Blanc (voir *Bulletin de thérapeutique*, 1861), mais à cause des modifications qu'ils ont reçues, je crois devoir en donner ici une nouvelle description. Un tuteur à redressement est constitué de la façon suivante :

1° Un tuteur formé de tiges rigides en acier, articulées au niveau de la jointure qu'on veut redresser. Elles sont munies de courroies ou modifiées de façon à saisir exactement les deux portions de membre sur lesquelles elles sont appliquées. Ces tiges sont placées en dedans et en dehors du membre et reliées solidement les unes avec les autres. Une sorte de sangle ou genouillère prend un point d'appui solide au niveau de l'article.

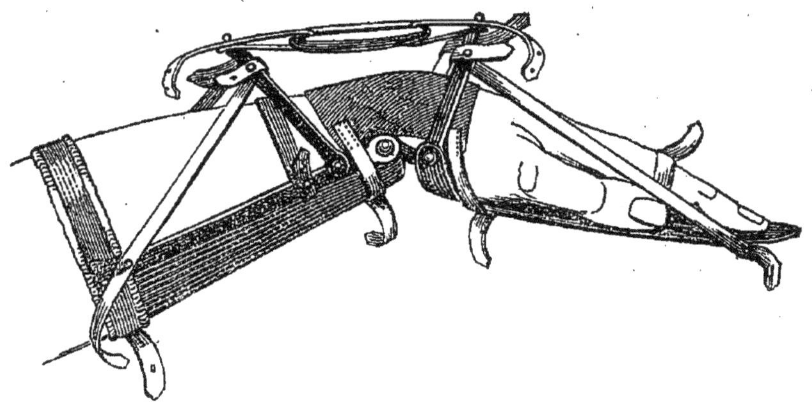

Figure 1.

2° Au-dessus et au-dessous de l'articulation sont disposés des arcs mobiles en acier. Celui qui est au-dessus de la jointure est relié avec la partie supérieure du membre ; celui qui est au-dessous avec la partie inférieure au moyen de courroies.

3° Le sommet de la courbe de ces leviers est muni de courroies et d'anneaux de caoutchouc destinés à les rapprocher l'un de l'autre. Le fonctionnement de cet appareil est facile à concevoir. La distension des anneaux de caoutchouc au moyen des courroies tend à rapprocher les leviers d'une manière continue. Cette traction est transmise à la partie supérieure et inférieure du membre. De là, production de

**

flexion ou d'extension dans la jointure, suivant la disposition des leviers et le but qu'on désire.

Cet appareil unit à une très-grande puissance la faculté de produire des tractions parfaitement graduées, suivant les souffrances du malade, le degré de l'ankylose et la volonté du chirurgien.

Le caoutchouc avait été employé déjà pour exercer des tractions continues par plusieurs chirurgiens, et notamment par MM. Rigal de Gaillac et Duchenne, de Boulogne ; mais

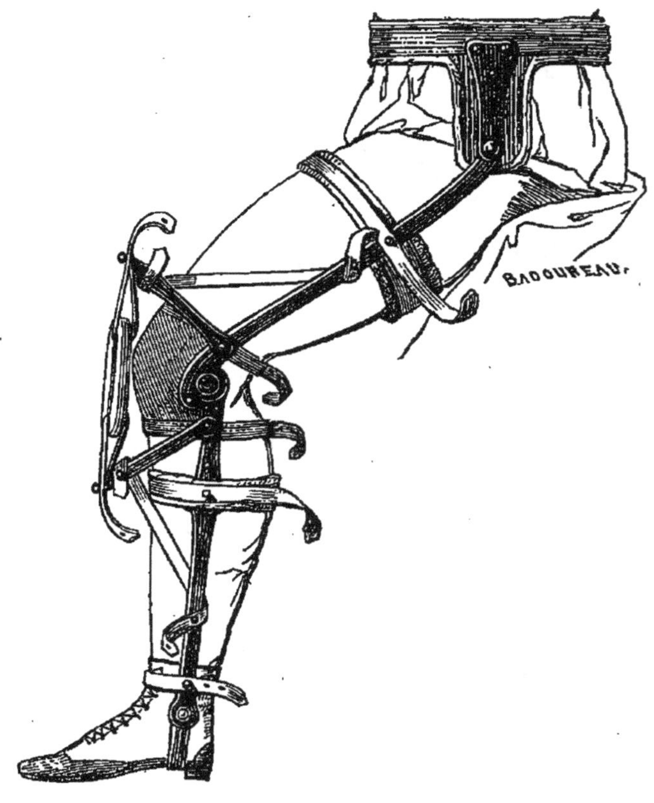

Fig. 2.

c'était uniquement dans le but de remplacer des muscles absents ou paralysés, tandis qu'il s'agit ici de redressement de jointures ankylosées, à la suite de rétractions musculaires ou ligamenteuses.

Je donne ici les figures des appareils destinés à redresser le genou et le poignet. Il est facile de concevoir quelle sera la forme de celui du coude ; ce qui caractérise l'innovation de M. Blanc, c'est d'abord la disposition des arcs ou poulies de renvoi dans le point où la force peut agir avec le plus d'efficacité. Ensuite c'est l'usage d'anneaux de caoutchouc, qui peuvent facilement être remplacés dès qu'ils sont altérés et dont le nombre et la force sont gradués à volonté. Si les muscles de la région antérieure de la cuisse ne fonctionnent plus, que la rotule ou le ligament rotulien aient été détruits, la traction élastique est fort utile.

Quand le pied est ankylosé dans la situation du pied varus équin, on peut avec avantage appliquer l'appareil suivant, qui permet au malade de marcher et d'utiliser le poids du corps à la guérison. Il est essentiellement constitué par une semelle, A et une tige de fer articulée avec elle, B. La tige s'attache au moyen d'un collier métallique, au-dessous du genou. L'articulation se trouve au niveau de la malléole interne, et permet des mouvements dans tous les sens : flexion et rotation en dehors. La semelle est en bois solide ; elle est munie d'un contrefort qui contourne le talon A et se prolonge en dedans jusqu'à la naissance du gros orteil. Le pied est assujetti sur elle, non par des courroies, mais d'abord au moyen d'une guêtre qui attire le talon en bas, et surtout par un levier qui agit avec l'intermédiaire d'une pelote et qui comprime le coude-pied, de façon à effacer la concavité plantaire. Ce levier G a son point fixe sur le bord externe de la semelle, et se relie sur le bord interne, au moyen d'une courroie. On peut même placer un second levier pour presser, s'il est besoin, au niveau de la naissance des orteils. Ce levier, vraiment digne de remarque, a été imaginé par M. Blanc, il y a dix ans environ. Il s'applique dans tous les cas où il faut saisir ou le pied ou la main. Il est d'un effet plus positif que la courroie, dont la pression est souvent illusoire.

De plus, on produit la rotation de la semelle en dehors au moyen d'une longue tige D, attachée perpendiculairement au bord externe, et la flexion avec une tige semblable E placée horizontalement en avant. Ces deux tiges sont tirées en haut par des anneaux de caoutchouc et reliées au collier supérieur au moyen de courroies. Le point d'appui de cette double traction est donc pris sur l'appareil lui-même.

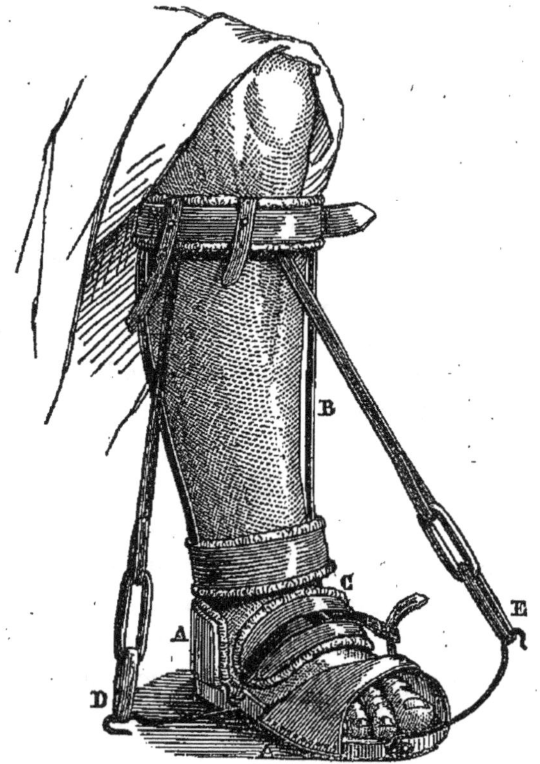

Fig. 3.

Ainsi cet appareil produit d'une manière continue la flexion, la rotation du pied en dehors, en même temps qu'il tend à effacer la concavité plantaire et qu'il permet au malade de marcher.

Redressement sous le bandage amidonné.

APPAREILS A REDRESSEMENT CONTINU AVEC BANDAGE AMIDONNÉ. — Dès que la traction continue doit être un peu énergique, à cause des obstacles que présente l'ankylose, le tuteur devient insuffisant. Les malades souffrent du contact d'un soulier, d'une courroie, d'une genouillère ; ils se découragent et laissent de côté un appareil qui les blesse. Il est nécessaire dans certains cas d'agir avec une grande puissance pour vaincre les résistances opposées, soit par la rétraction musculaire, soit par la formation de brides fibreuses ou même par la déformation des os. Le plus souvent, du reste, les malades ne peuvent faire la dépense que nécessite un tuteur à traction continue, et cependant il leur importe beaucoup d'être redressés. Ainsi la douleur d'un côté, la pauvreté de nos malades de l'autre, nous faisaient une obligation de chercher un moyen peu dispendieux et aussi doux que possible pour redresser les ankyloses. L'application préalable d'un bandage ouaté, cartonné et amidonné est venu résoudre ce problème.

L'application du bandage amidonné est heureuse, car on le moule aisément sur toutes les articulations quelle que soit leur forme.

MODE D'APPLICATION. — Le bandage devra être bien rembourré de coton et garni de plaques de carton solides, surtout dans les points où les appareils prendront leur point d'appui. Quand il est sec, on le coupe à peu près au niveau de la jointure qu'on veut mobiliser et on applique par dessus l'instrument à redressement. Le malade peut se lever et vaquer à ses occupations.

Je vais donner des descriptions spéciales des appareils employés au pied, au genou et à la hanche.

APPAREILS POUR LE PIED. — L'équinisme est la déformation habituelle du pied ankylosé.

Le premier appareil imaginé par M. Blanc pour fléchir

le pied est le suivant : Deux V métalliques sont articulés
ensemble par leur sommet C au niveau de la jointure tibio-
tarsienne. Une branche est fixée au pied A, une autre à la

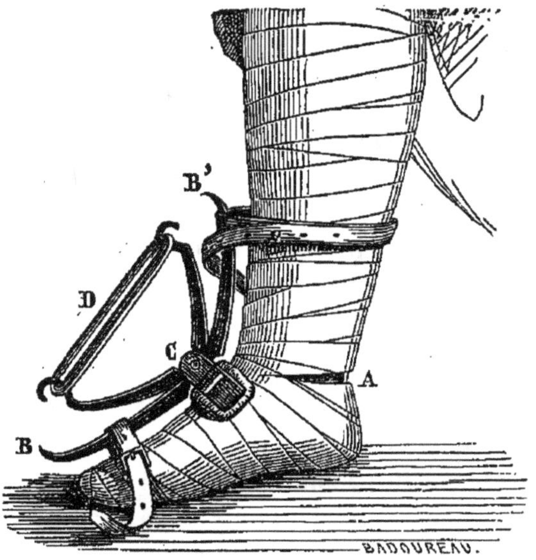

Fig. 4.

jambe B ; les deux autres branches étant rapprochées l'une
de l'autre au moyen du caoutchouc C la flexion est produite.

M. Blanc a abandonné cet appareil ; voici celui dont il se
sert actuellement, soit pour fléchir le pied sur la jambe,
soit pour corriger son renversement en dedans.

Un bandage amidonné est appliqué tout d'abord jusqu'au
dessous du genou ; on le coupe circulairement au-dessus
des malléoles. Sous la plante du pied, on fixe une plaque
métallique; à une de ses extrémités elle porte un crochet,
qui s'attache à une courroie enroulée autour du pied ; à
l'autre extrémité elle est munie d'un long levier qui s'incurve
parallèlement à la jambe et remonte environ jusqu'à sa partie
moyenne. Le long levier est placé en avant si l'on veut
fléchir le pied, en dehors si l'on veut le renverser en dehors.

Dans ce cas particulier, il est muni d'une plaque de cuir pour saisir mieux le pied. Il suffit de prendre un point d'ap-

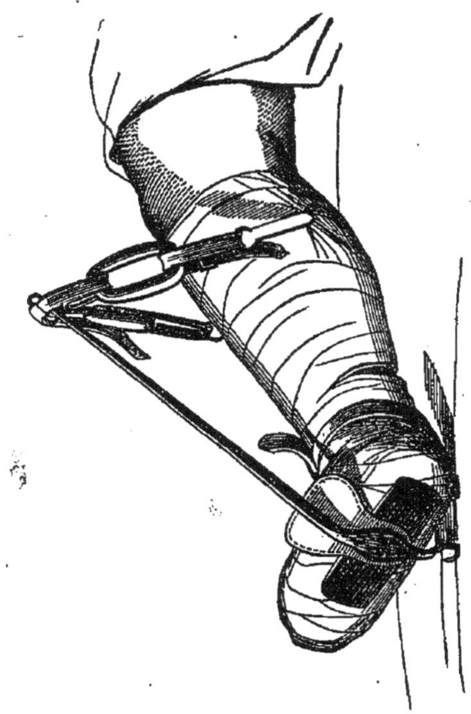

Fig. 5.

pui sur la jambe et de tirer perpendiculairement sur l'extrémité du levier pour produire l'effet désiré, comme on le voit dans la figure ci-jointe.

Si l'on veut relever la pointe du pied, il ne faut pas omettre de couper une tranche du bandage amidonné en avant, pour que la flexion puisse se faire.

Avec un levier fort long et qui remonte parallèlement à la jambe on a des avantages qui ne sont point à dédaigner. On tire perpendiculairement à la jambe et au levier et ainsi on ne perd point de force. De plus, à cause de cette traction perpendiculaire, il n'y a aucune tendance à faire descendre la partie supérieure du bandage, ce qui est un inconvénient inhérent à tout autre système.

APPAREIL POUR LE REDRESSEMENT DU GENOU. — L'appareil destiné à redresser le genou est une modification perfectionnée du double V que j'ai décrit pour le pied.

Voici quelles sont ces modifications : (voir fig. 6).

Le sommet du V fémoral se bifurque et les deux tiges qui en résultent, vont s'articuler de chaque côté au niveau du centre de la jointure avec un double prolongement semblable qu'envoie à leur rencontre le V tibial. Ces prolongements métalliques forment un vide circulaire autour du genou sur lequel ils ne sont point directement appliqués ; ils prennent un point d'appui en avant de cette articulation par l'intermédiaire d'un étrier ou hamac en peau, qui exerce une pression plus douce et plus supportable.

Dans les cas où la flexion exagérée de l'ankylose du genou ne permet pas aux anneaux de caoutchouc de tirer d'une manière efficace sur les leviers, M. Blanc a imaginé une sorte de fourche ou de poulie de renvoi qui prenant un double point d'appui au niveau des articulations des tiges métalliques, soulève les courroies de traction et donne ainsi une bonne direction à la force.

MOYENS D'ÉVITER LES SUB-LUXATIONS. — Si, pour redresser la jambe fléchie sur la cuisse, on prend un point d'appui à la partie inférieure, on s'expose à un grave inconvénient, c'est de faire basculer les tubérosités tibiales en arrière du fémur ; on évite ce danger de deux façons, qui sont mises en relief dans l'appareil de M. Blanc que je présente ici. Le premier moyen c'est de relier le V tibial avec la partie supérieure de la jambe par une courroie (1). Le second moyen est plus ingénieux encore. En fabriquant le bandage amidonné on place sur un des côtés, parallèlement à la jambe et à la cuisse deux tiges de fer articulées au niveau de la jointure tibio-fémorale ; ces tiges font corps avec le

____

(1) Dans la fig. 6 cette courroie n'est pas placée assez haut.

bandage. Il est dès lors facile de concevoir ce qui doit se passer ; la partie supérieure de la jambe est sollicitée au redressement aussi bien que la partie inférieure et la subluxation devient impossible.

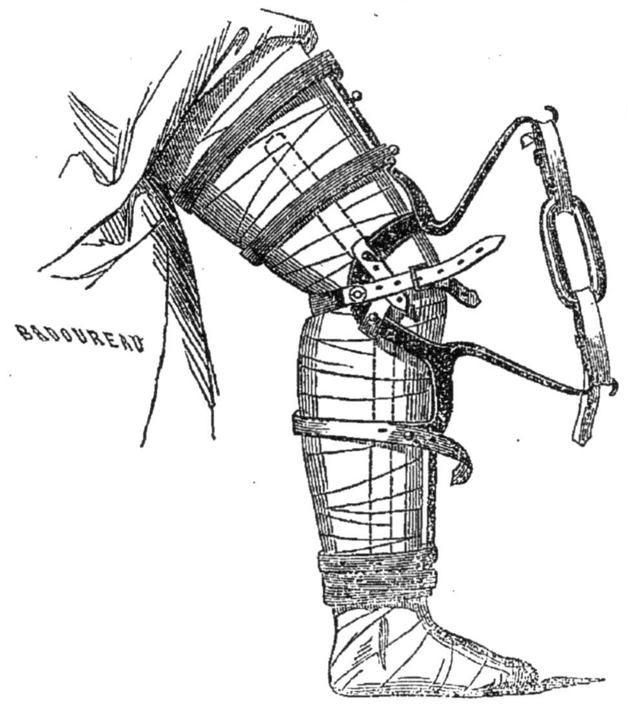

Fig. 6.

La traction élastique peut s'appliquer à toutes les articulations, en mettant en pratique les préceptes que j'ai exposés plus spécialement pour le pied et le genou. L'anneau de caoutchouc sera la force, qu'on multiplie et dont on favorise l'action par des leviers, et le bandage amidonné permettra de prendre un point d'appui plus facile.

A la hanche le redressement continu est plus difficile ; Bonnet l'exécutait avec sa grande gouttière ; M. Pravaz le fait avec des poids et des poulies de renvoi. M. Blanc, à la demande de M. Ollier, a appliqué la traction des anneaux de caoutchouc dans un cas d'abduction avec rotation en dehors de la cuisse. Saisissant cette partie du membre avec une genouillère et un manchon, il avait disposé la traction obliquement en avant et en haut; le point d'appui était une large ceinture embrassant le bassin. Il y eut amélioration.

Il serait possible d'adopter également la traction continue pour pratiquer l'extension dans les ankyloses de la hanche avec flexion; il suffirait de modifier l'appareil que j'ai décrit pour le genou.

Le redressement continu convient dans les cas non aigus, où la douleur est peu considérable ; il est facilement accepté par les malades et leur famille ; sa force peut se graduer suivant les obstacles à vaincre ; il permet au patient de se mouvoir, de vaquer à ses occupations ou à ses jeux et d'entretenir ainsi la santé par un exercice salutaire. Grâce au bandage amidonné, aux leviers de M. Blanc et aux anneaux de caoutchouc, l'emploi de cette méthode est devenue simple et peu dispendieux.

Méthode mixte.

Soit douleur, soit pusillanimité du sujet, soit résistance trop considérable des brides vicieuses, il advient parfois que la traction continue est inefficace ; j'emploie alors une *méthode mixte*. Elle consiste, après avoir éthérisé le malade, à pratiquer la rupture immédiate de l'ankylose, mais dans une petite étendue. On applique ensuite un bandage amidonné ; on le coupe vers le quatrième jour et on exerce alors la traction continue.

Cette méthode est celle à laquelle je donne la préférence dans plusieurs circonstances. Je commence habituellement le traitement par la rupture immédiate ; si dans le cours de l'opération, tout va bien, si tous les obstacles cèdent progressivement, je continue le redressement. Si la peau me-

nace de se rompre, si les os tendent à se luxer, si les résistances musculaires augmentent au point de me faire
craindre une fracture, je m'arrête et j'applique la traction
continue. Plus tard, s'il m'est démontré qu'elle est arrivée
au terme de sa puissance, je pratique une seconde fois le
redressement immédiat que je peux alors poursuivre sans
retrouver en face de moi les obstacles qui m'avaient arrêté
une première fois (voir obs. 28, 29, 33).

En résumé, si l'on a quelque accident ou quelque échec
à redouter, il faut employer la traction continue ; celle
qu'on fait sous le bandage amidonné est préférable à tous
les autres moyens de la mettre en usage. Si l'on n'a rien à
craindre, la rupture brusque fournit des résultats plus immédiats et plus satisfaisants. Enfin la combinaison des deux,
ou méthode mixte donne des succès et des guérisons aux-
quels il aurait fallu renoncer sans elle.

Récidives après le redressement. — Il est certaines
articulations pour lesquelles le redressement continu n'est
pas toujours applicable ; car le point d'appui fait défaut.
Ainsi, la préhension est souvent nulle et illusoire sur le
bassin et l'épaule. A elles doivent donc s'appliquer à peu près
exclusivement la rupture immédiate et l'assouplissement.
Mais alors que la bonne direction est obtenue, on éprouve
les plus grandes difficultés pour la maintenir. A la hanche
par exemple, la vicieuse situation de la cuisse sur le bassin
se reproduit dans environ la moitié des cas. Le malade se
tord dans son bandage amidonné et bientôt on voit repa-
raître ou l'allongement, ou le raccourcissement, qui exis-
taient avant le redressement. Cela tient soit à la douleur
que le sujet essaye de fuir, soit à une mauvaise habitude
contractée depuis longtemps.

Moyens d'empêcher la récidive. — Placés dans une
grande gouttière ces malades ont moins de chance de se
déformer ; cependant un petit nombre y parvient encore.

M. Jordan, de Manchester, a publié dans les journaux de

Paris (avril 1863), un article où il préconise une méthode de traitement des ankyloses, que je cite ici pour mémoire ; c'est le traitement par l'extension et la contre-extension. Après avoir endormi le malade et pratiqué le redressement il entoure le membre de coton, d'une bande et par dessus il place l'appareil à redressement. Cet appareil n'est autre que l'attelle de Desault pour les fractures du fémur.

Le procédé qui m'a le mieux réussi pour éviter la récidive de la difformité à la hanche, est le suivant : Si le membre malade est raccourci, j'exerce une traction permanente sur lui après redressement, et je fais la contre-extension sur le membre sain. Le redressement étant obtenu, j'applique un bandage amidonné sur les deux membres, puis je place le patient dans une grande gouttière de Bonnet. Dès que le bandage est sec, il m'est un puissant auxiliaire pour tirer du côté raccourci et faire la contre-extension sur le membre sain. Pour que cette dernière manœuvre soit efficace, il faut faire buter le pied contre un étrier, en ayant soin d'empêcher le genou de se fléchir. Si le membre malade est allongé, je fais l'inverse ; contre-extension du côté malade ; extension du côté sain. Grâce au bandage amidonné et à la gouttière Bonnet, ce procédé est d'une application très-facile ; il est en même temps efficace, car il agit par l'intermédiaire des deux fémurs, sur le bassin qui échappe à toute contention directe.

Le moyen que je viens d'indiquer a été employé plusieurs fois par moi (*voir Bonnes, thèses de Montpellier*, 1860, *obs.* 53), depuis cinq ans avec succès, mais il mérite d'être surveillé, car il peut arriver qu'on dépasse le but et qu'on transforme un raccourcissement en allongement et *vice versa*. Pour les cas peu graves, je me borne à immobiliser le bassin en fixant aussi exactement que possible les deux cuisses dans la grande gouttière.

Si malgré les précautions prises, ou parce qu'elles ont été mal observées, la mauvaise direction de la jointure se reproduit, on ne doit point abandonner la partie, mais se remettre courageusement à l'œuvre. Une seconde tentative a d'autant plus de chance de réussir, qu'on connaît mieux les causes de la rechute.

ACCIDENTS. — A la suite des ruptures brusques d'ankyloses, des accidents peuvent survenir, cela n'est point contestable; mais les chirurgiens qui ne sont point partisans de cette opération les ont singulièrement exagérés. A la fin de ce 'travail je relate un grand nombre d'observations qui malheureusement sont loin d'être complètes, mais qui présentent au moins ceci d'important, c'est qu'elles démontrent l'innocuité constante, j'ose le dire, du redressement exécuté avec prudence. Ce travail n'aurait démontré qu'une chose, c'est que le redressement n'est pas dangereux, que je m'estimerais heureux de l'avoir publié. Je distinguerai les accidents en *réels* et *imaginaires*.

Les accidents réels sont rares quand on procède avec modération et en s'entourant de toutes les précautions qui ont été signalées.

DÉCHIRURE DE LA PEAU. — Si l'ankylose est à angle aigu et qu'on veuille en une seule séance atteindre à une rectitude complète, la peau risque de se déchirer. Cette déchirure n'est pas grave, si elle a peu d'étendue et si elle ne s'accompagne pas de désordres plus profonds. Dans un cas de flexion à angle fort aigu de la cuisse sur le bassin, il se produisit une déchirure étendue de la peau; les suites furent néanmoins très-satisfaisantes. Le chirurgien est toujours à temps pendant l'opération de s'arrêter et d'éviter la déchirure ; pour mon compte, je n'ai jamais produit que des excoriations superficielles insignifiantes.

DÉCHIRURES DES MUSCLES. — Les muscles sont quelquefois déchirés ; mais je n'ai jamais rien vu de sérieux survenir, grâce au bénéfice des plaies sous-cutanées. Mais si la déchirure musculaire arrive au contact de l'air libre, elle peut avoir pour conséquence de longues et redoutables suppurations. J'ai été témoin du fait suivant : Un jeune homme très-bien portant avait eu une coxalgie avec abcès. Il était depuis plusieurs années guéri avec ankylose incomplète et marchait en boitant. On crut devoir pratiquer le redressement immédiat. Pendant l'opération les muscles des fesses se déchirèrent ; les trajets fistuleux se rouvrirent, et bientôt une suppuratiou abondante s'établit, le malade succomba. Ce triste résultat doit être attribué à mon avis à l'ouverture des anciens trajets fistuleux.

Je ne connais aucun cas de déchirure des nerfs ou des vaisseaux importants dû à la rupture des ankyloses. Ces déchirures se produisent quelquefois pendant les réductions des vieilles luxations ; mais il faut établir une importante distinction entre ces réductions qui exigent des efforts considérables pour déplacer des os et le redressement qui agit progressivement en s'imposant pour loi de ne pas dépasser une certaine limite d'efforts.

Fracture des os. — Quand on redresse une ankylose l'accident le plus sérieux et le plus fréquent est la fracture des os. J'ai vu plusieurs fois ces fractures se produire ; il est peu de chirurgiens, je pense, ayant rompu un certain nombre d'ankyloses à qui cela ne soit jamais arrivé. Voici les faits communiqués dans une séance de la société de chirurgie (1862). M. Chassaignac a brisé un fémur, il n'y eut pas de suites fâcheuses. M. Verneuil a brisé l'olécrâne, suites simples. M. Voillemier a brisé un fémur, a arraché une trochée humérale d'un côté et cassé transversalement un humérus de l'autre ; les suites furent satisfaisantes.

Voici les cas de fractures produites à Lyon et qui sont parvenus à ma connaissance. Bonnet a fracturé deux fois le col du fémur, une fois l'olécrâne et une fois la rotule, c'est pour prévenir cette dernière fracture qu'il préconisait la section sous-cutanée du triceps par la méthode de M. Palasciano. Baumers à quelques jours de distance a cassé deux fois le col du fémur. Dans un cas d'ankylose du genou chez un enfant de dix ans, il y eut décollement de la diaphyse et de l'épiphyse inférieure du fémur.

Pour mon compte, j'ai pensé une fois avoir rupturé le col du fémur, mais les suites furent tellement simples que je ne pus en obtenir la certitude. Pendant là rupture d'une ankylose de l'épaule, je perçus un craquement très-fort qui me fit penser que j'avais arraché une des saillies osseuses qui avoisinent la jointure ; mais ni immédiatement, ni plus tard, je ne pus en être sûr (*voir obs. 43*).

Si je me résume, je dirai que ces fractures doivent être évitées, mais qu'elles sont dénuées de gravité, et qu'on ne doit pas s'en inquiéter outre mesure. Elles sont si peu redoutables au col du fémur qu'on peut les proposer pour règle dans les cas d'ankyloses de la hanche impossibles à rompre et qui sont portées à un tel degré que la marche est impossible. Il est du reste fort difficile de prévoir ces fractures dans quelques circonstances ; l'anatomie pathologique en montrant le ramollissement des os affectés d'ostéite, explique suffisamment leur friabilité et la facilité de leur rupture par un effort même léger.

SUB-LUXATIONS. — Un autre genre d'accident qui se produit quand les surfaces articulaires sont déformées, c'est la luxation plus ou moins complète. L'arthrite cause de l'ankylose est souvent accompagnée d'absorption des saillies osseuses qui constituent une articulation normale et des luxations pathologiques peuvent s'accomplir sans suppuration et sans violence. Quand une pareille luxation se prépare, si le chirurgien intervient, la luxation se fera entre ses mains ou après le redressement. Je l'ai constaté une fois, un mois après le redressement d'une ankylose de la hanche (*voir obs. 3, thèse de Bonnes*). Au genou, où la sub-luxation pathologique est très-fréquente, il faut redresser avec toutes les précautions possibles si cette déformation a quelque tendance à se faire.

Les accidents dont j'ai parlé surviennent par l'emploi de

la rupture brusque , mais la sub-luxation peut aussi se produire sous l'influence de la traction continue mal dirigée. J'ai appris que dans un cas où l'on voulait fléchir le pied, la jambe avait été luxée en arrière de l'astragale. J'ai décrit les moyens ingénieux que M. Blanc met à notre disposition pour empêcher les sub-luxations du genou dans les cas de traction continue. En imprimant une bonne direction aux instruments ainsi perfectionnés, en surveillant leur action, on évite toute espèce d'accident. Sous ce rapport la traction continue possède un élément de supériorité sur la rupture brusque.

ABCÈS. — On a accusé le redressement de produire des abcès et le retour de l'affection qui a engendré l'ankylose. Ce grief est le plus grave de tous et je n'hésite point à le taxer d'imaginaire. Qu'il survienne des abcès après les ruptures d'ankyloses, il n'y a rien là qui doive surprendre. Les tumeurs blanches récidivent quelquefois, et chaque année dans les rangs des hôpitaux on voit des malades qui ont été guéris pendant une certaine période de temps et dont la tumeur blanche récidive, sans que le chirurgien ait exécuté aucune manœuvre. Il en est de même pour les tumeurs blanches avec abcès. Une arthrite décourage le praticien par sa persistance et sa résistance aux médications les mieux appropriées ; tout-à-coup on découvre un abcès symptomatique; quelquefois même c'est pendant l'opération qu'on constate son existence ; quelquefois aussi c'est après. Il n'y a pas du reste toujours impéritie à méconnaître à leur début des abcès froids qui naissent dans une région profonde et qui se développent avec autant de lenteur que d'insidieuse obscurité. Si les choses se passent de la sorte, il n'est pas rationnel de mettre sur le compte d'une rupture d'ankylose, un abcès qui est déjà produit ou doit se produire sans elle.

M. Nélaton cite un cas d'abcès profond, survenu à la suite d'un redressement de coxalgie pratiqué dans son service par Bonnet. L'abcès devint fistuleux et le malade succomba. A ce propos, l'habile professeur critique vivement Bonnet, d'avoir prétendu que cet abcès existait avant la rupture ; il l'attribue à l'opération.

L'assertion de Bonnet me semble assez probable. Parmi le grand nombre de ruptures d'ankyloses que j'ai pratiquées depuis dix ans, j'ai vu deux fois des abcès survenir dans les cas de coxalgie. Une première fois six mois après l'opération, une seconde fois après un an.

Dans les observations que je cite, on verra un abcès se développer au coude et guérir rapidement. Par contre, j'ai vu des centaines de fois des abcès survenir spontanément chez des malades abandonnés à eux-mêmes ou traités par des moyens pleins de douceur.

Je viens à dessein de déplacer un peu la question ; j'ai essayé de démontrer que les abcès causés par le redressement des tumeurs blanches sont une chose rare ; je puis à plus forte raison conclure qu'un abcès venant après la rupture d'une ankylose simple, est une chose tout à fait exceptionnelle, et que la crainte d'en amener un ne doit point arrêter le chirurgien.

On a objecté au redressement de la coxalgie qu'elle plaçait le sujet dans de fâcheuses conditions pour s'asseoir ; c'est là une objection de quelque valeur, quand les deux hanches sont malades ; mais cette considération ne devra pas empêcher de remédier à l'adduction ou à l'abduction qui sont toujours nuisibles.

COMPLICATIONS DES ANKYLOSES ET CONTRE-INDICATION DE RUPTURE. — Est-ce à dire qu'on doive rompre toute espèce d'ankylose ? Loin de moi une opinion aussi absolue. Quand on se trouve en présence d'une arthrite avec carie ; quand la constitution est d'une extrême débilité ; quand il y a des menaces de tuberculisation pulmonaire ; quand la nature est impuissante à faire les frais d'une bonne consolidation, on ne doit pas tenter la rupture sous peine de s'exposer à de cruels mécomptes et de faire accuser la méthode de produire de graves accidents.

OPPORTUNITÉ DES SECTIONS SOUS-CUTANÉES.

Les sections sous-cutanées sont-elles nécessaires pour le redressement des ankyloses ? L'opinion de Bonnet était très-affirmative à cet égard, surtout pour les ankyloses de la hanche et du genou. Il en pratiquait fréquemment et habituellement avec succès. M. Legouest, un des premiers, fit de sérieuses objections à cette opération préliminaire et accessoire , et pour mon compte je partage sa manière de voir.

ACCIDENTS. — Les sections sous-cutanées sont habituellement innocentes ; elles ont causé cependant un certain nombre d'accidents dans les cas d'ankyloses. Voici ceux que j'ai pu connaître. Chez un malade affecté d'ankylose du genou, le nerf poplité externe fut coupé pendant qu'on pratiquait la section du biceps crural; il y eut paralysie des muscles de la région antérieure de la jambe. Dans un cas de flexion angulaire du genou, on fit un redressement incomplet après avoir fait des sections sous-cutanées, puis on appliqua le bandage en carton de M. Carré. Les plaies des piqûres contusionnées par les saillies rigides de cet appareil de contention, furent le point de départ d'un érysipèle phlegmoneux et de vastes abcès qui amenèrent la mort. Dans ces deux faits malheureux, il eût été possible en agissant prudemment de prévenir une issue funeste.

On a aussi accusé les sections sous-cutanées de produire des hémorrhagies ; je ne connais aucun fait qui justifie cette crainte.

M. Nélaton cite un cas de mort survenu dans son service à la suite d'une section sous-cutanée pratiquée par Bonnet, pour le redressement d'une coxalgie. L'épanchement sanguin entra en décomposition putride. Ce fait prouve que les sections sous-cutanées perdent leur innocuité dans les lieux où l'érysipèle est endémique.

Ce qui a surtout préoccupé les chirurgiens c'est la crainte de voir les cavités produites par les sections sous-cutanées se mettre en communication avec celles qui sont faites par les déchirures musculaires ou autres, pendant le redressement brusque.

M. Barrier a proposé et exécuté l'opération en deux temps ; il fait d'abord la section sous-cutanée, laisse le malade en repos pendant quatre ou cinq jours, puis il rompt l'ankylose. Cette pratique est sage et prudente et mérite d'être imitée.

Inutilité. — Dans la plupart des cas, je pense que les sections musculaires ou tendineuses sont inutiles. J'appuie mon opinion sur une raison théorique et une preuve pratique. Quels sont les muscles sur lesquels portent les sections ? Habituellement ce sont le droit interne, le couturier, le fascia lata pour la hanche ; le biceps et le demi tendineux pour le genou ; les fléchisseurs sublimes et superficiels pour la main ; or tous ces muscles sont très-longs et conséquemment doivent céder à une traction patiente et énergique. A quoi bon dès lors en pratiquer la section ?

Du reste, la question me semble avoir été mal posée ; ce n'est jamais avant l'opération, pendant que le patient est éveillé, qu'on peut établir les indications des sections tendineuses ; car il est alors impossible de distinguer la rétraction de la contraction musculaire ; ce n'est point non plus au début du sommeil anesthésique, car à cette période le sujet plongé dans un demis-ommeil se contracte et fait saillir ses muscles.

La véritable indication des sections ne peut se juger avec certitude, qu'au moment où la résolution musculaire est complète et que des tentatives modérées de rupture, ont démontré que les muscles sont l'obstacle principal au succès de l'opération. Or, c'est précisément à ce moment

que le besoin des sections paraît moins impérieux ; on voit
les saillies musculaires très-apparentes au début, s'effacer
progressivement et disparaître même, à mesure que le
sommeil devient plus profond.

Si les sections tendineuses ne sont point indispensables
dans les ruptures immédiates, à plus forte raison dans les
ankyloses traitées par le redressement continu ; une traction
prolongée fait vite justice même des rétractions musculaires.

Avantages. — On retire cependant des avantages incon-
testables des sections sous-cutanées, qui peuvent dans
quelques cas contre-balancer leurs inconvénients. Quand
un muscle est coupé, son action est anéantie et dès lors les
efforts de redressement seront moins considérables ; et
surtout il y aura moins de chance de voir la vicieuse position récidiver. Cette dernière considération me paraît avoir
de la valeur. Il y a du reste des ankyloses qui sont dues à
la rétraction musculaire.

Il y a encore des ankyloses pour lesquelles on ne doit
pas proscrire les sections : c'est au pied, quand la lésion
articulaire a produit un pied bot. Il y a là des conditions
anatomiques spéciales qui font que la préhension de cette
extrémité du membre est difficile, qu'on ne possède pas un
levier comme un genou, par exemple, et enfin qu'il y a là
des saillies tendineuses favorablement disposées pour une
section innocente.

DES ANKYLOSES QU'ON NE PEUT ROMPRE.

Le chirurgien se trouve quelquefois en présence d'une
ankylose qu'il ne peut rompre, soit qu'il y ait soudure os-
seuse, soit qu'il y ait des brides fibreuses très-fortes. Il doit
alors suspendre ses efforts, après avoir acquis la certitude
de son impuissance. J'ai rencontré trois cas semblables ; je
m'arrêtai après des tentatives assez énergiques qui n'eurent

aucun inconvénient, car le lendemain, les sujets se servaient de leur membre aussi bien que la veille. Ce sont ces anky-loses qu'on est convenu d'appeler complètes ; une de celles qui me résista jouissait cependant d'un léger mouvement (*voir obs.* 21).

OSTÉOTOMIE CUNÉIFORME. — Quand on a échoué dans les tentatives de rupture et que le sujet n'éprouve point un sérieux dommage de la mauvaise direction de son membre, il me semble d'une conduite sage de ne pas tenter des opé-rations graves. Un bras ankylosé au coude, en position rec-tiligne, peut rendre beaucoup de services. Un pied bot, un genou ankylosé, même à angle droit, une cuisse fléchie peu-vent permettre la marche d'une manière surprenante. Mais les faits abondent où une ankylose réduit le malheureux qui en est affecté à une triste inaction.

C'est pour des cas semblables que Rhéa Barton a proposé et exécuté avec succès, au genou, l'excision cunéiforme. En 1827, il sectionna aussi le col du fémur pour une ankylose de la hanche. Il fut suivi dans cette voie par Rodgers, Kear-ny, Platt Burr, Ross, Maisonneuve, Textor, Weber, Smith et Bérend, de Berlin. Ce dernier chirurgien avait à traiter une ankylose *vraie* de la hanche avec flexion seulement à angle droit. La section du col du fémur fut faite en avril 1861. Pendant quatre mois il y eut des accidents sérieux; à la fin, le malade guérit et marcha sans boiter, conservant un obscur mouvement dans la jointure. Il faut, à mon avis, des circonstances bien graves pour engager le chirurgien à recourir à des opérations aussi aventureuses et d'un résultat final si problématique.

J'ai cherché à démontrer que la fracture des os, dans le voisinage d'une articulation ankylosée, était habituellement dépourvue de gravité. Je ne crois pas qu'on ait produit des faits prouvant le contraire. On a bien parlé, pour la hanche, de la possibilité de déterminer des fractures du bassin dan-gereuses ; mais tout s'est borné à des craintes hypothétiques ; tandis qu'il est bien démontré que les opérations dont je parlais tout-à-l'heure amènent souvent la mort.

FRACTURE DES OS. — M. Maisonneuve, qui ne passera pas pour un chirurgien timoré, a abandonné l'ostéotomie cunéiforme pour les ankyloses, après l'avoir pratiquée autrefois.

En 1862, il a proposé un nouveau moyen, c'est la *méthode diaclastique*. Avec un instrument de son invention, M. Maisonneuve se fait fort de fracturer les os, sans esquilles, au point précis où il le désire. Cette méthode convient pour fracturer les os dans le voisinage des ankyloses qu'on ne peut rompre ; il a réussi à briser le fémur au-dessous des trochanters, chez une fille de 17 ans atteinte d'une ankylose de la hanche à angle aigu. Le succès fut si complet que la jeune fille, un an après, malgré un raccourcissement de huit centimètres, pouvait danser.

Je ne veux point nier ce beau résultat, mais puisque M. Maisonneuve peut fracturer un fémur avec tant de précision, que ne le fracturait-il pas au col, il se serait beaucoup plus rapproché du siége du mal et aurait ainsi évité une partie du raccourcissement. Je doute aussi qu'il ne produise jamais d'esquilles, et je crois que dans de semblables opérations, le fémur se brise là où il oppose le moins de résistance. Si donc je me déterminais à pratiquer une fracture dans le voisinage d'une ankylose, j'entourerais le membre d'attelles et je préférerais l'action des mains à celle des machines dont il est toujours impossible de bien calculer la force.

RÉTABLISSEMENT DES MOUVEMENTS.

J'aborde en ce moment la partie la plus difficile, la plus épineuse et en même temps la plus intéressante de mon travail ; c'est celle où je dois m'occuper du rétablissement des mouvements. Cette question, déjà peu facile à élucider, a encore été rendue plus obscure par la manière dont elle a été envisagée.

J'examinerai successivement :

1° Si les mouvements peuvent se rétablir après les anky-loses qu'on ne rupture pas ;

2° Si ce rétablissement est possible après rupture ou.redressement des ankyloses ;

3° Si ces opérations favorisent ou retardent le retour des mouvements.

Le retour des mouvements est-il possible après une ankylose ? — Difficultés de le constater. — Quand une ankylose est dans une bonne direction, ou que le sujet affecté, pour une cause quelconque, n'est point soumis aux manœuvres dont nous avons parlé, le retour des mouvements est-il possible ? Je ferai remarquer, au préalable, qu'on est mal placé dans les hôpitaux pour juger la question. Les malades s'en vont généralement avant d'avoir retrouvé l'intégrité des fonctions de leur jointure ; on ne les revoit que dans les cas où l'ankylose a persisté ; s'ils sont guéris, ils ne reviennent pas. De la sorte, beaucoup de faits heureux échappent à l'observation, et l'on est tenté de juger sévèrement des méthodes qui ne donnent pas des guérisons immédiates.

Le rétablissement des mouvements ne se fait point toujours. L'anatomie pathologique nous renseigne suffisamment à cet égard. Une articulation ankylosée a toujours subi un certain degré d'inflammation, c'est-à-dire que les propriétés spéciales de certains tissus ont disparu pour faire place aux propriétés des tissus enflammés ; ainsi les cartilages se dépolissent ou même disparaissent ; la synoviale n'a plus sa sécrétion onctueuse ; les ligaments sont transformés en brides fibreuses soudées à toutes les parties. voisines ; les épanchements plastiques, partout infiltrés, s'organisent avec d'autant plus d'énergie que l'individu est plus vigoureux. Eh bien, malgré tant de conditions défavorables, le retour des mouvements se fait souvent. A cet égard, tous les chirurgiens sont du même avis dans les cas d'ankylose incomplète; mais ce qui me paraît moins généralement admis, c'est qu'une jointure depuis longtemps soudée puisse retrouver tout son jeu.

Ce fait est cependant incontestable. J'en ai observé un exemple fort remarquable. Mlle T... fut traitée en 1854 par M. Bonnet pour une coxalgie grave avec complications diverses et ankylose complète de toutes les jointures du membre inférieur gauche. En 1859, ce fait fut cité comme contraire à la méthode Bonnet, et il l'était en effet. Cependant je puis affirmer que cette jeune personne est depuis plusieurs années parfaitement guérie avec rétablissement de tous les mouvements. Il ne serait pas difficile de réunir un certain nombre de cas analogues, mais je ne pense pas que cette proposition ait besoin de plus ample démonstration.

Quelquefois l'ankylose est préférable au mouvement. — L'ankylose est quelquefois le but vers lequel tendent les efforts des chirurgiens ; ainsi, à la suite des tumeurs blanches avec suppuration des jointures ; des traumatismes graves des jointures ; des lésions étendues des parties molles, quand on peut redouter la récidive du mal, ou des désordres. On est alors si heureux de conserver un membre dont les fonctions sont imparfaites, qu'on doit bien se garder de chercher imprudemment à rendre le mouvement.

Les mouvements peuvent-ils se rétablir après la rupture ou le redressement des ankyloses ? — S'il est prouvé qu'une ankylose abandonnée à elle-même peut retrouver le mouvement, l'est-il de même pour l'ankylose qu'on a rupturée ou redressée ? L'examen des faits ne doit laisser aucun doute à cet égard. Tous les travaux qui traitent de cette question parlent de malades qui ont retrouvé l'usage de leur articulation après des ruptures. M. Laborie a rompu une ankylose de la hanche à angle droit, et il a obtenu le rétablissement des mouvements et de la bonne direction. M. Broca a cité un résultat semblable, il avait employé plusieurs séances (*Société de chirurgie*, 1861).

M. Bauchet a rendu le mouvement à une articulation du coude. M. Larrey a réussi fréquemment pour des ankyloses traumatiques. M. Philippeaux a parlé d'un succès chez une jeune fille de Montbrison. M. Dron (*Gaz. méd. de Lyon*, 1859) rapporte une observation très-remarquable. M. Bonnes relate également plusieurs exemples de retour des mouvements (*voir obs.* 30, 33, 35, 53, 55, 56, *Loc. cit.*). Un des plus intéressants est celui de M. Desvaux, dont le traitement fut commencé par Bonnet et continué et perfectionné par moi. Notre illustre confrère de Naples, M. Palasciano, est venu aussi nous apporter un fait remarquable de rétablissement de mouvements.

Le redressement retarde-t-il ou favorise-t-il le mouvement? — Ainsi, on ne peut douter que le mouvement puisse se rétablir après la rupture ou le redressement des jointures. Mais on peut se poser d'autres questions et d'abord : Le redressement retarde-t-il le mouvement?

Rien ne vient prouver qu'une ankylose redressée se mobilise plus tardivement que celle qu'on a abandonnée à sa situation morbide. Je donne ici l'histoire de plusieurs opérés qui, après un mois ou un mois et demi, avaient une amplitude aussi grande après qu'avant (*voir obs.* 1, 4, 5, 6, 7, 9, 12, 13, 15, 20, 26, 37, 38, 43).

Je peux donc légitimement conclure que la crainte de retarder le mouvement par une manœuvre d'une certaine énergie ne doit pas être mise en ligne de compte.

Mais le redressement avance-t-il l'époque de la mobilité articulaire? Si l'on se flatte d'obtenir la mobilité immédiatement après la rupture, on tombe dans une erreur préjudiciable à la méthode. Il existe quelques succès éclatants (*voir obs.* 9, 13), mais ils constituent une minime exception.

Dans la majorité des cas, ainsi que je l'ai déjà dit, le mouvement est à peu près comme avant le redressement. Mais la jointure est dans de bien meilleures conditions pour retrouver plus tard ses fonctions ; car la situation du membre est bonne, et les adhérences vicieuses les plus fortes sont déchirées.

INFLUENCE DU PROCÉDÉ. — Obtient-on plus facilement le retour des mouvements après le redressement brusque ou après le redressement lent? La solution de cette question n'est pas facile. Quand on a brusquement rupturé une ankylose, il est assez rare de voir le mouvement se rétablir de suite.

Pour que pareille chose arrive, il faut que l'ankylose soit peu prononcée, due seulement à quelques brides disposées autour d'une jointure saine. Quand on pratique l'assouplissement complet d'une jointure ankylosée, suivant les préceptes énumérés plus haut, on assiste souvent à un merveilleux spectacle ; tous les mouvements s'exécutent sans efforts pendant le sommeil, et l'on peut concevoir des espérances illusoires ; mais après quelques jours d'un repos nécessaire, l'ankylose s'est en partie reproduite (*v. obs.* 34, 39). Il y a là quelque chose de décevant qui a vivement frappé d'habiles chirurgiens, tels que MM. Malgaigne et Voillemier, et leur a fait nier le retour de la mobilité. Trop de faits s'inscrivent en faux contre cette opinion pour qu'on doive la partager. Un des beaux résultats obtenus est celui de M. Nélaton. Après plusieurs tentatives inutiles, il rompit brusquement une ankylose de la hanche ; la cuisse était appliquée contre le ventre. Il y eut guérison complète.

On ne peut rendre le jeu à toutes les articulations qu'on redresse. Des chirurgiens disent qu'il suffit pour cela d'une lésion de la synoviale et des cartilages. Cette assertion ne me paraît pas assez explicite ; d'abord il y a un certain nombre de faits en opposition avec elle ; ensuite pendant la vie il est impossible de poser un diagnostic d'une pareille rigueur. M. Bastien m'a montré une pièce pathologique qui démontre que la tête du fémur peut jouir encore d'une assez grande quantité de mouvements, alors même que les cartilages ont complètement disparu. Les surfaces osseuses se recouvrent, dans ces cas, d'une couche éburnée et deviennent capables de passer les unes sur les autres.

Je suis persuadé que la quantité de mouvements obtenue après un assouplissement bien fait serait conservée, s'il n'y avait pas une inflammation succédant inévitablement au traumatisme que vient de subir la jointure. Plusieurs fois j'ai rupturé des ankyloses, non pour leur rendre la forme (*v. obs.* 31, 44), mais pour leur rendre le mouvement; je suis revenu à ces manœuvres violentes à plusieurs reprises et à quelques jours d'intervalle, et elles ne m'ont donné aucun succès. Je puis donc conclure que la rupture brusque et complète des ankyloses est peu efficace pour rendre le mouvement. En est-il de même du redressement lent exécuté par la traction continue? Là aussi on peut errer en croyant obtenir (*v. obs.* 32) une amplitude de mouvement plus grande qu'avant.

Il y a même des cas où, sans douleur bien forte, sans inflammation, on ne retrouve plus le mouvement qui existait avant le redressement. Ce résultat ne présente rien d'extraordinaire, quand on observe ce qui se passe; une articulation fléchie à angle droit, je suppose, et incomplétement ankylosée est organisée pour jouir de quelques mouvements peu étendus; mais dès qu'on la redresse, il n'y a plus le même rapport entre les muscles, les ligaments et les surfaces articulaires; les os, quelquefois déformés, ne glissent plus les uns sur les autres; il s'est produit des changements tels que le petit mouvement ne se retrouve plus. La traction continue ne facilite guère plus le mouvement que le redressement immédiat avec assouplissement.

Influence de la jointure. — Le coude et le genou, à cause de l'étendue, sans doute, des surfaces articulaires, jouissent du fâcheux privilége de s'ankyloser facilement, et le mouvement y revient avec peine. La hanche retrouve bien mieux sa mobilité. Il en est de même des doigts et du poignet.

Influence de l'age. — L'âge qui possède, au point de vue étiologique, une grande influence sur le développement des ankyloses en possède également pour leur guérison ou la persistance de la raideur. Une ankylose succédant à une fracture se dissipe rapidement chez un jeune homme et s'éternise chez un vieillard. On peut souvent chercher à redresser une ankylose chez les vieillards, mais rarement à la mobiliser.

Influence de la gravité du mal. — Si la maladie a profondément lésé l'articulation, si une partie des extrémités des os a été cariée, s'il y a eu des fractures intra-articulaires, on ne devra pas compter sur le retour des mouvements. Il en sera de même pour les ankyloses qu'on aura vainement essayé de rompre et qui auront résisté à des efforts suffisamment énergiques.

Quant aux ankyloses sans mouvement et qu'il a été possible de rompre, on ne doit jamais désespérer de voir le mouvement s'y rétablir, si la cause a disparu (*v. obs.* 6, 9, 26, 31).

Les ankyloses susceptibles de guérir le plus promptement et le plus complètement sont les ankyloses avec conservation d'une partie des mouvements.

Influence de l'ancienneté du mal. — Une condition favorable est donc le peu de gravité de la lésion primitive ; il en est encore une autre qui joue un rôle capital, c'est le peu d'ancienneté de l'ankylose et de l'affection qui l'a produite. Le rétablissement des mouvements est chose facile alors et ne présente rien de remarquable. Aussi, pour avoir des observations de quelque valeur, il faut tenir un compte exact de l'époque à laquelle le mal a débuté. Je connais des faits donnés comme beaux exemples de la puissance d'une méthode, et le début du mal remontait à trois semaines. Un peu de repos eût suffi, sans doute, comme dans l'observation de ce jeune homme dont j'ai parlé (*v. obs.* 4).

Epoque a laquelle se rétablit le mouvement. — Com-

bien de temps aprés le début de l'ankylose peut-on espérer
le mouvement? Une limite précise ne peut être assignée ici.
On a le droit de compter sur la mobilisation d'une jointure,
quand on peut lui imprimer des mouvements pendant l'a-
nesthésie. Je confessais, il n'y a qu'un instant, l'impuissance
habituelle de l'art à rendre le mouvement immédiatement,
je puis maintenant affirmer que la nature a de grandes ressources qui ne font jamais défaut, quand on sait compter
sur elle; mais il faut lui accorder du temps, et un temps
parfois très-long.

M. Nélaton a dit fort judicieusement qu'il faut parfois
sept, huit et même dix ans, pour que le mouvement se ré-
tablisse. Chez plusieurs sujets de sa clientèle privée, il l'a
obtenu fort tardivement. A la suite des fractures chez les
personnes âgées, la raideur ne disparaît qu'après plusieurs
années. J'ai parlé de Mlle T... dont les ankyloses ne se dé-
raidirent qu'au bout de trois ans; je rapporte, du reste,
des cas analogues (*v. obs.* 46, 47), et j'en aurais rapporté un
bien plus grand nombre, si le terme assigné pour ce travail
n'eût été si rapproché.

Les faits de mobilisation sont fort nombreux chez les
enfants, même après des désordres très-grands. On doit
donc compter sur la nature, sur le temps et sur l'heureuse
influence de moyens autres que ceux dont j'ai parlé jusqu'ici.

DES MOYENS DESTINÉS A RÉTABLIR LES MOUVEMENTS. —
Quoique le mouvement puisse venir par l'effet de la nature
et du temps, ce n'est pas une raison pour se croiser les bras
et attendre. Il existe des moyens rationnels qui ont subi
l'épreuve de l'expérience, et on n'a pas le droit de les né-
gliger.

IMMOBILITÉ. — L'immobilité suffit pour guérir des arthri-
tes aiguës et faire disparaître l'ankylose passagère qu'elles
tiennent sous leur dépendance; mais en dehors de son action résolutive, l'immobilité n'a pas de pouvoir sur le retour

des mouvements. Au contraire, M. Teissier, de Lyon, a depuis longtemps prouvé que l'immobilité à elle seule suffirait à déterminer l'ankylose.

Malgré que nous connaissions cette influence nuisible, nous employons fréquemment l'immobilité dans le traitement des ankyloses, à cause de ses vertus résolutives et parce qu'elle est indispensable pour assurer la bonne direction d'une jointure obtenue par le redressement. Utile pour guérir le traumatisme d'une rupture brusque, le repos me semble donc peu avantageux pour favoriser le mouvement.

MOUVEMENTS ARTIFICIELS GRADUÉS. — Le plus efficace de tous les moyens, c'est de pratiquer avec les mains des mouvements artificiels, doucement gradués et répétés, suivant les cas, plusieurs fois par semaine. Avec de la persistance, on obtient des succès vraiment remarquables (*v. obs.* 27, 46,47). Chaque séance de mouvements communiqués ne doit produire qu'un gonflement inflammatoire et une douleur modérés; vouloir aller plus loin sera souvent s'exposer à un temps d'arrêt ; car l'inflammation peut empêcher de reproduire ces tentatives pendant un certain temps ; on recule alors au lieu d'avancer.

TRACTION CONTINUE. — Grâce à leur simplicité, les appareils de M. Blanc peuvent s'appliquer alternativement dans le sens de la flexion et dans celui de l'extension ; ils peuvent donc être utilement employés pour soumettre une articulation à des mouvements lents dans les divers sens qui paraissent convenables. Si la jointure n'est plus enflammée, ces manœuvres, plusieurs fois répétées, peuvent donner de bons résultats. De cette manière, j'ai obtenu une quantité de mouvements satisfaisants et une bonne direction chez un enfant de 15 ans affecté d'une luxation du coude méconnue.

MOUVEMENTS EXÉCUTÉS PAR LES MALADES EUX-MÊMES. — Les malades peuvent exécuter sur eux-mêmes des mouvements avec leur main ou avec des appareils imaginés pour cet usage. Bonnet a fait construire une série d'appareils qui font mouvoir toutes les jointures et qui sont parfaitement appropriés au but qu'on cherche.

Maintenant que nous avons vu ces appareils fonctionner longtemps sous nos yeux, il nous est permis d'en apprécier la valeur; ils sont bons pour maintenir le mouvement obtenu, pour l'agrandir un peu; mais c'est là tout, et fréquemment nous les avons vus rester stériles. Il y a surtout deux obstacles qui font avorter les mouvements exécutés par les sujets eux-mêmes ; d'une part leur pusillanimité vis-à-vis de la souffrance, et d'un autre côté le mouvement paraît s'exécuter dans le point voulu, et il n'en est rien ; il se fait dans l'article qui est au-dessus ; en effet, la prise sur le segment supérieur est généralement illusoire.

Moyens médicaux. — Divers moyens médicaux possèdent de l'efficacité pour ramener la souplesse dans les jointures. L'action du massage est incontestable, on peut l'aider par des pommades résolutives, par des frictions alcooliques qui stimulent la peau.

Mais il n'est pas de médication qui jouisse de la faveur générale autant que la médication thermale. Plusieurs stations minérales sont désignées comme ayant des vertus spéciales ; telles sont Néris, Bourbonne, Barèges, Aix, Bath, Spa, Chaudes-Aigues, Wiesbaden, Salins près Moutier, le Vernet, la Preste. Je suis intimement convaincu que c'est là surtout qu'on doit assister, sous l'influence de la douche et des bains, au rétablissement rapide des mouvements ; je regrette seulement de ne pas en avoir trouvé la preuve écrite dans les mémoires des médecins de ces établissements, que j'ai parcourus dans ce but.

Voici maintenant l'analyse de quelques observations qui ont été recueillies par M. Jeannin, élève des hôpitaux de Lyon.

OBSERVATION I. — ANKYLOSE DE LA HANCHE.
Flexion à angle droit, abduction ; allongement ; mouvements nuls. Rupture ; redressement ; gouttière ; rétablissement des mouvements.

F... A..., 32 ans, journalier, fut atteint, en novembre 1860, d'un rhumatisme du genou ; le mal passa, il y a sept mois, à la hanche gauche et y détermina une ankylose.

Il entre le 8 mai 1864 à l'Hôtel-Dieu. La cuisse est fléchie à angle droit sur le bassin ; la jambe est dans l'abduction, avec allongement apparent de quelques centimètres ; les mouvements sont à peu près nuls en tous sens.

Le 15 mai, on fait la rupture de l'ankylose ; les manœuvres durent 20 minutes, elles sont assez difficiles, mais le membre se redresse sans craquement bien déterminé. On mit le malade dans une gouttière sans bandage amidonné.

15 juin, état général excellent ; la jambe est demeurée dans sa bonne position. 10 août, le malade marche avec assez de facilité ; les mouvements sont rétablis, mais douloureux ; pour les assouplir, on emploie une machine à mouvements.

OBS. II. — ANKYLOSE DE LA HANCHE.
Flexion, adduction, raccourcissement ; privation presque complète de mouvements.

P... L..., 17 ans, berger, après avoir éprouvé de violentes douleurs à la hanche, s'aperçut que sa cuisse se repliait et se raccourcissait progressivement.

A son entrée à l'hôpital, le 28 novembre 1862, il offre une flexion de 45° de la cuisse sur le bassin, avec adduction et raccourcissement considérable. Les mouvements de flexion et d'extension se font encore un peu et en s'accompagnant de frottements rugueux dans l'articulation ; ceux d'adduction et d'abduction sont à peu près impossibles. Cambrure des lombes.

Le 28 novembre, on pratique les manœuvres pour rompre l'ankylose ; après quelque résistance et de nombreux craquements, le membre est replacé dans un état normal, avec un léger raccourcissement. Bandage amidonné, gouttière.

En janvier 1863, le malade commence à se lever ; mais la

flexion s'est un peu reproduite. Le 1er février, il marche facilement, mais la cuisse a repris à peu près la même position qu'avant
l'opération.

Le 12 février, nouvelle opération, redressement, bandage
amidonné, gouttière. Cette fois, la flexion et l'adduction sont
moins opiniâtres ; le membre est à peu près droit, et le malade
marche bien, mais les mouvements demeurent nuls.

Cette observation démontre quelles difficultés on éprouve
quelquefois pour s'opposer au retour de la direction vicieuse.

Obs. III. — Ankylose de la hanche.

Position à peu près normale, mouvements très-limités et douloureux.
Repos ; gouttière de Bonnet ; guérison complète.

Au commencement d'octobre 1862, J.-C. R..., âgé de 37 ans,
tisseur, ressentit à la hanche gauche une douleur assez forte pour
l'empêcher de marcher trois jours après.

Le 25 décembre, à son arrivée à l'Hôtel-Dieu, sa jambe est
dans une position à peu près normale, sauf un léger raccourcissement. Les mouvements de flexion et d'extension sont fort
bornés et douloureux ; l'adduction est plus étendue que l'abduction ; la douleur est vive, surtout lorsqu'on repousse la cuisse
contre la cavité cotyloïde ; elle se propage, en outre, sur le trajet
du nerf crural.

Après l'application d'un emplâtre de Vigo au pli de l'aîne, le
malade est placé dans une gouttière de Bonnet (5 janvier). Bientôt les douleurs diminuent, les mouvements se rétablissent (4 février), et le 10 du même mois, on enlève ia gouttière. Le 1er mars,
R... marche avec une béquille ; la jambe est encore raide, mais
non douloureuse ; le 21 mars, il part dans un état de guérison à
peu près parfait.

Chez ce malade, la situation du membre étant bonne, il
était inutile de recourir à des manœuvres violentes.

****

Obs. IV. — Ankylose de la hanche.

Mouvements nuls ; flexion de la cuisse. Repos ; guérison complète.

Au mois de septembre 1859, à la suite d'une longue marche, A... C..., âgé de 13 ans, domestique, ressentit à la hanche droite une douleur vive qui se perpétua jusqu'au 28 octobre. Reçu à cette époque à l'Hôtel-Dieu, il présente une flexion considérable de la cuisse sur le bassin ; l'extension complète est impossible, les mouvements d'abduction à peu près abolis, l'adduction semble conservée.

Le jeune homme est d'abord placé dans une gouttière, où il demeure immobile pendant dix jours ; au bout de ce temps, son état est singulièrement amélioré, la jambe s'étend mieux, l'abduction gagne; la marche s'exécute sans douleur; le redressement est donc inutile. Le malade sort le 18 novembre parfaitement guéri.

Ce fait montre combien il importe de tenir compte de l'ancienneté du mal et de la gravité de la lésion, avant de porter un pronostic fâcheux et de soumettre le sujet à des manœuvres opératoires.

Obs. V. — Ankylose de la hanche.

*Abduction, flexion de 25° ; mouvements abolis. Rupture ; redressement ;
léger mouvement obtenu.*

P..., maçon, 14 ans, habitait en 1858 des lieux humides; il y contracta une ankylose qui arriva peu à peu, en six mois, à l'état où elle se trouve à son entrée à l'hôpital, le 26 novembre 1859.

La cuisse a subi sur le bassin une flexion de 25°; elle est dans l'abduction avec allongement apparent. Il reste quelques mouvements de flexion, mais ceux d'abduction sont abolis. Douleur peu vive.

Le 20 décembre, rupture de l'ankylose et application d'un

bandage amidonné qu'on enlève le 10 janvier 1860. Le membre est à peu près redressé, le malade marche, mais la jambe ne jouit pas de mouvements. Cependant, à sa sortie de l'hôpital, le 20 février, P... pouvait exécuter une flexion d'environ 10°; l'adduction et l'abduction demeuraient abolies. Pas de douleur.

On a revu ce malade deux mois après. Il avait trop tôt repris son travail et souffrait ; mais la position droite s'était maintenue, ainsi que le mouvement.

OBS. VI. — ANKYLOSE DE LA HANCHE.

Première ankylose, à gauche, traitée par Bonnet et guérie. — Deuxième ankylose, à droite; adduction légère; flexion de 55°; raccourcissement, abolition des mouvements. Manœuvres de réduction; plaie légère; amélioration.

F.-R. G..., 14 ans et demi, fut atteint en 1855 d'une ankylose de la hanche gauche ; traité en 1857 par Bonnet, il ne resta du mal qu'un peu de raideur dans les mouvements d'abduction.

En 1858, le malade fut atteint d'une nouvelle ankylose, mais cette fois à droite ; douloureuse pendant deux ou trois mois, l'affection demeura indolente et n'empêcha pas le malade de marcher avec un bâton.

Il entre à l'Hôtel-Dieu le 30 juillet 1860. Flexion de 55°, adduction légère, cambrure des lombes, mouvements abolis, pas de douleur; raccourcissement apparent de 35 millimètres.

Le 2 août, les manœuvres faites sur la hanche droite s'accompagnent de quelques craquements et de frottements rugueux ; à la hanche gauche, elles n'offrent aucune résistance. On place ensuite un bandage amidonné. Le 15 août, on enlève le bandage; une petite place s'est formée au genou droit ; après la cicatrisation, le malade quitte l'Hôtel-Dieu. Son état était bien amélioré, la direction du membre est bonne ; mais les mouvements sont encore douloureux et la marche difficile; il est vrai que la rupture date à peine d'un mois.

Cette observation est un exemple de plus du rétablissement des mouvements après une rupture d'ankylose.

OBS. VII. — ANKYLOSE DE LA HANCHE.

Rotation du pied en dehors, adduction prononcée; raccourcissement de 45 millimètres. Réduction, bandage, gouttière; contre-extension; *redressement presque complet; amélioration des mouvements.*

A la fin de 1859, par suite d'un excès de travail, P... M..., 18 ans, cultivateur, ressentit pendant 8 ou 10 jours, à la hanche gauche, de vives douleurs suivies d'un raccourcissement progressif du membre; la douleur revint à la suite d'un nouvel excès de travail neuf mois après.

M... entre à l'Hôtel-Dieu le 16 janvier 1861, la jambe est dans une rotation en dehors et une adduction très-prononcée sans flexion; mouvements presque abolis; raccourcissement de quatre centimètres, dont la saillie du trochanter semble confirmer la réalité.

Le 21 janvier, les manœuvres de réduction sont accompagnées de craquements. On applique un double bandage amidonné et on place le malade dans une gouttière; le membre malade est attiré vers le pied du lit par une bande qui pratique l'extension; une autre bande fait la contre-extension sur le membre sain. Après 25 jours de séjour dans sa gouttière, le malade en sort avec une amélioration notable; si la rotation en dehors persiste toujours, l'adduction est à peu près vaincue, et la marche, aidée d'un bâton, peut s'effectuer sans douleur. M... sort de l'hôpital le 10 février.

OBS. VIII. — ANKYLOSE DE LA HANCHE ET DU COUDE.

Coude. — *Flexion à angle obtus, perte de mouvements. Rupture, bandage amidonné, résultat incomplet. Seconde rupture, formation d'un abcès, amélioration notable.*

Hanche. — *Flexion considérable, adduction legère; raccourcissement de 0,05, privation de mouvements. — Rupture, bandage, sub-luxation; amélioration légère.*

J.-M. B..., 14 ans, à la suite d'une fièvre typhoïde qui dura trois mois, fut atteinte d'une double ankylose du coude droit et de la hanche gauche.

Admise à l'hôpital le 27 août 1861, elle présente au coude droit une flexion à angle obtus avec privation de mouvements ; elle ne peut porter la main qu'à 25 ou 30 centimètres de la bouche. Au membre inférieur gauche, la flexion de la cuisse est considérable ; l'adduction est peu prononcée ; cependant le raccourcissement est de 0,05 ; une partie est due à une luxation de la tête du fémur dans la fosse iliaque, la saillie exagérée du grand trochanter l'indique suffisamment.

Le 3 septembre, rupture de l'ankylose du coude ; elle présente de la résistance et fait entendre des craquements très-forts. Application d'un bandage amidonné qui maintient le coude à angle aigu. Dans la même séance, rupture de l'ankylose de la hanche ; le membre est redressé, mais on constate un raccourcissement réel et une luxation pathologique. Bandage amidonné.

Le 13 septembre, on enlève le bandage du bras qui peut produire quelques mouvements ; mais l'articulation devient douloureuse ; on applique un second bandage, sous lequel on constate, le 18 octobre, l'existence d'un petit abcès qui guérit rapidement. — Du côté de la hanche, il y a une luxation due, sans doute, à une destruction incomplète de la tête du fémur. Le 1er décembre, érysipèle au bras, sans suites graves.

La malade, après tous ces accidents, quitte l'hôpital le 15 février 1862, avec une amélioration réelle, en ce sens que les membres affectés sont placés dans une bonne direction.

Observation IX.

M. M.,âgé de 35 ans environ, fils d'un célèbre médecin de Lyon, était depuis deux ans couché dans une salle de médecine où on le gardait par charité. Il était, disait-on, affecté de myélite. Je constatais qu'il était affecté d'une ankylose de la hanche droite, avec adduction et flexion. J'en pratiquai la rupture ; il y eut des craquements dus à des brides fibreuses rompues. Huit jours après, M. M... sautait dans les cours de l'hôpital et bientôt après reprenait sa profession, ne conservant aucune trace ni de myélite, ni d'ankylose.

Ce succès est le plus beau que j'aie obtenu. Il y a longtemps que je l'eusse publié sans des raison; faciles à comprendre.

OBS. X. — ANKYLOSE DE LA HANCHE.

Adduction prononcée; flexion légère; raccourcissement de 10 centimètres. Rupture; bandage amidonné; complication d'une entérite. Résultat incomplet.

L.-H. L...., 16 ans, charretier, ressentit en janvier 1861 des douleurs vives à la hanche; elles durèrent trois mois et furent remplacées par une déviation considérable de la jambe.

Admis à l'hôpital le 19 juillet 1861, il présente une adduction très-forte avec une flexion légère et un raccourcissement apparent de 9 ou 10 centimètres : pas de douleur.

Le 24 juillet, les manœuvres de réduction ne présentent pas une grande résistance ; quelques soubresauts dans l'articulation, mais sans craquements. Redressement complet, bandage amidonné.

Le 25, douleur vague qu'on ne sait a quoi attribuer.

Bientôt se déclare une entérite qui force à relâcher les moyens de contension appliqués à la jambe : celle-ci reprend en partie sa position vicieuse. Le jeune homme, guéri de l'entérite, ne veut pas entendre parler d'une seconde opération et quitte l'Hôtel-Dieu avec une légère amélioration.

Ce fait démontre l'importance d'une exacte contension pendant les jours qui suivent l'opération.

OBS. XI. — ANKYLOSE DE LA HANCHE.

Abduction considérable; flexion de 35°: mouvements presque abolis. — Première réduction, craquement, bandage, contre-extension, résultat fort incomplet. — Seconde réduction, craquements; bandages, contre-extension (varioloïde), résultat plus satisfaisant, mais encore incomplet.

J. J...., 16 ans, tisseur à la Croix-Rousse, habitant un local humide, fut saisi vers le 1er janvier 1860 de vives douleurs aux deux hanches ; de là le mal monta à l'épaule droite pour se fixer bientôt tout entier à la hanche du même côté, où il détermina une ankylose.

Entré le 5 février 1861 à l'Hôtel-Dieu, le malade a la jambe dans l'abduction, avec flexion de 35° de la cuisse sur le bassin et allongement de trois centimètres.

Les manœuvres de réduction qu'on pratique le 11 février ne sont accompagnées que d'un seul craquement et redressent en partie le membre. Application d'un bandage amidonné, séjour dans une gouttière ; extension et contre-extension : mais le bandage se dérange. la gouttière est trop large, le membre échappe aux tractions et reprend sa position vicieuse.

Le 25 février, on renouvelle les manœuvres ; les bandages amidonnés sont placés sur les deux membres inférieurs pour l'extension et la contre-extension. L'amélioration devenait déjà sensible, quand le 6 mars se déclare une varioloïde qui affaiblit le malade et contraint de suspendre le traitement de l'ankylose. Néanmoins, J... se rétablit avec une amélioration satisfaisante, quoique imparfaite, de la hanche

OBS. XII. — ANKYLOSE DE LA HANCHE.

Flexion presque à angle droit; adduction légère; mouvements compromis. Réduction avec craquements; abcès de la vulve, redressement; amélioration des mouvements.

A la suite de douleurs rhumatismales, J.-R. Q..., 21 ans, blanchisseuse, fut atteinte d'une ankylose de la hanche gauche.

Entrée à l'Hôtel-Dieu le 10 janvier 1861, elle présente une flexion presque à angle droit de la cuisse sur le bassin, avec adduction légère et peu de douleur ; les mouvements sont à peu près nuls.

Le 15 janvier, les manœuvres de réduction sont accompagnées de quelques craquements marqués à la partie antérieure et supérieure de la cuisse, dus sans doute à quelques fibres aponévrotiques superficielles. On applique un bandage amidonné.

Le 4 février, on enlève le bandage ; il s'est formé près de la grande lèvre gauche un abcès douloureux qui, percé au bistouri, suppure jusqu'au 1er mars et se referme. A cette époque, la malade essaie de se lever, la cambrure des lombes a disparu, la cuisse est dans une bonne disposition, mais la faiblesse, autant qu'un peu de douleur à la hanche, empêchent la marche. J... Q... sort de l'hôpital le 8 mars 1861.

OBS. XIII. — ANKYLOSE DE LA HANCHE.
Flexion presque à angle droit, mouvements nuls. Manœuvres de réduction; redressement.

F... V..., 30 ans, tisseuse, passe des salles de médecine dans la salle St-Paul le 24 mai 1860. Depuis trois semaines, sa cuisse s'est repliée peu à peu sur le bassin, avec lequel elle fait un angle droit; toute tentative de mouvements est douloureuse.

Le 26 mai, on fait les manœuvres de réduction, et le redressement s'accomplit sans résistance après quelques craquements prononcés. La malade est mise dans une gouttière, elle en sort le 3 juin; la jambe n'est pas complètement droite, mais elle déclare qu'elle ne l'a jamais été davantage. Un peu de gonflement douloureux étant survenu, on le dissipe avec un emplâtre belladonné, et le 10 juillet, F... V... quitte l'Hôtel-Dieu ; sa jambe est dans la même position qu'avant sa maladie et ne la fait aucunement souffrir.

Ici nous pouvons considérer le résultat comme complet; cela est dû à l'époque peu éloignée du début des accidents.

OBS. XIV. — ANKYLOSE DE LA HANCHE.
Flexion de 20°; abduction; mouvements en partie détruits. Réduction; section des muscles; redressement incomplet; amélioration des mouvements. Nouvelle réduction, redressement un peu plus complet.

Il y a six mois, J,.. M..., 13 ans, s'endormit tout en sueur sous un arbre. Le lendemain, il ne pouvait marcher sans douleur. Néanmoins, il ne garda jamais le lit et ne se servit pas de béquilles.

Il entre à l'Hôtel-Dieu le 24 avril 1860. Le membre droit est dans une flexion de 20° avec adduction. Raccourcissement apparent de deux centimètres, mouvements d'adduction et d'abduction nuls; la flexion peut se faire jusqu'aux limites normales.

Le 2 mai, manœuvres laborieuses de réduction, section sous-cutanée du couturier vers son insertion à l'épine iliaque antérieure et supérieure, du tenseur du fascia lata et des aponévroses de la région externe de la cuisse. Bandage amidonné. Quand le malade se lève, la cambrure a disparu, l'adduction persiste, quoique moins forte, la flexion est encore à 15°, les mouvements sont incomplets, quoique plus étendus, la marche peut s'exécuter sans boiter. Il sort de l'Hôtel-Dieu le 25 mai.

Rentré le 20 juin, parce qu'il boite de nouveau, M... présente toujours le même degré de flexion avec la même difficulté de mouvements d'adduction et d'abduction. Le 22 juin, nouvelles manœuvres de réduction accompagnées de craquements. Le malade est mis dans une gouttière d'où il sort plus droit, avec des mouvements plus faciles, mais il n'est pas encore radicalement guéri. Néanmoins il quitte l'Hôtel-Dieu le 1er août.

Ce fait montre qu'il est beaucoup plus difficile à la hanche de corriger un léger degré de flexion qu'une déformation considérable.

OBS. XV. — ANKYLOSE DE LA HANCHE.

Flexion de 50°; adduction; mouvements nuls. Rupture; redressement sans accident; bandage amidonné. Amélioration.

E... D..., 3 ans et demi, entre à la Charité le 26 mai 1864, affecté d'une ankylose de la hanche gauche. La cuisse fait avec le bassin un angle de 40 à 50°; la jambe est dans une adduction légère avec raccourcissement d'environ deux centimètres. Les mouvements sont complètement suspendus par la douleur.

Le 23 juin, les manœuvres de rupture redressent la jambe qui recouvre ses mouvements, mais avec craquements dans l'articulation cono-fémorale. Un bandage amidonné fixe le membre dans une bonne position. Le 29 juin, aucun accident n'est survenu. La jambe s'est maintenue dans sa bonne position.

Le 1er août, on enlève le bandage. La jambe est faible; on met l'enfant dans une gouttière.

Le 29, la position est bonne. Plus de douleur. Une légère flexion peut déjà se faire.

Obs. XVI. — Ankylose de la hanche.

Flexion à angle droit ; forte adduction ; raccourcissement de six centimè-
tres; atrophie. Rupture, craquements; bandage amidonné; souffrances ;
rétablissement; résultat satisfaisant, mais incomplet.

M... D..., 6 ans et 9 mois, est entré à la Charité le 20 juillet
1863. Cette année, 15 juin 1864, la cuisse gauche est dans une
flexion à peu près à angle droit avec adduction très-considérable
et raccourcissement de 0,06. Les mouvements sont complètement
abolis; de plus, le membre malade est atrophié.

Le 22 juin, on rompt l'ankylose par des manœuvres qui s'accompagnent de craquements ; on redresse le membre qui reprend
à peu près sa longueur normale, et on le met dans un bandage
amidonné.

Les jours suivants, l'enfant n'est pas dans un état général très-
satisfaisant, et comme la flexion de la cuisse tend à se reproduire, on le met dans une gouttière.

Le 8 juillet, il se leva et marcha un peu; l'amélioration est
fort remarquable pour la rectitude ; le peu de temps pendant
lequel cet enfant fut soumis à notre observation ne nous a pas
permis de constater si les mouvements s'étaient rétablis.

Obs. XVII. — Ankylose de la hanche.

Flexion, abduction, allongement; conservation de quelques mouvements
Réduction brusque ; bandage amidonné; amélioration notable.

M... M..., âgée de 6 ans, entre le 17 mai 1864 à la Charité
avec une ankylose de la hanche gauche. La jambe est en même
temps dans l'abduction et la flexion avec allongement notable.
Une partie des mouvements est conservée ; pas de douleur.

Le 24 juin, de faciles manœuvres, accompagnées de quelques
craquements, rompent l'ankylose sans aucun accident, et le
membre redressé est mis dans un bandage amidonné.

Le 3 juillet, l'enfant marche avec son bandage facilement ; elle
quitte la Charité.

Obs. XVIII. — Ankylose de la hanche.

Flexion de 50°; abduction, allongement de 0,45 ; mouvements à peu près nuls. Rupture, craquements. Bandage amidonné ; pas d'accidents, amélioration.

J.-M. F..., 12 ans, admis à la Charité le 28 mai 1864, est atteint depuis deux mois et demi d'une ankylose de la hanche gauche. La cuisse est dans une flexion de 50° avec abduction et allongement de 0,45. Les mouvements sont nuls ou à peu près.

Le 22 juin, les manœuvres de rupture amènent des mouvements avec craquements très-nets et redressent le membre qu'on fixe dans une bonne position par un bandage amidonné.

Pas d'accidents ; la bonne position du membre persiste. Le 29 août, l'abduction s'est légèrement reproduite. La flexion peut s'exécuter. L'enfant marche bien.

Obs. XIX. — Ankylose de la hanche.

Flexion de 80°; adduction légère. Privation complète de mouvements. Rupture, craquements ; redressement ; bandage amidonné ; amélioration.

A... M..., 4 ans, entrée le 25 juin 1864 à la Charité, est atteinte d'une ankylose de la hanche gauche avec flexion de 80° et très-légère abduction sans allongement notable. Les mouvements sont complètement abolis.

Le 6 juillet, les manœuvres de réduction s'accompagnent de frottements rugueux et de craquements de l'articulation. Néanmoins, on redresse le membre ; il est fixé par un bandage amidonné.

Pas d'accidents ; amélioration de la forme. Le 8 août, le bandage est enlevé. Bonne position. Le 29, pas de mouvement.

Obs. XX. — Ankylose de la hanche.

Abduction sans flexion ; allongement, mouvements en partie conservés. Rupture, redressement. Bandage amidonné (fièvre), amélioration.

M... L..., 9 ans et 9 mois, entre à la Charité le 8 juin 1864;

elle présente à la cuisse gauche une ankylose incomplète avec abduction, rotation en dehors, allongement et conservation d'une très-grande partie des mouvements. Etat général satisfaisant.

Le 28 juin, la rupture, le redressement se font avec facilité et s'accompagnent de quelques craquements. L'allongement disparaît. Bandage amidonné.

Un peu de douleur et de fièvre le 29 et le 30 juin ; néanmoins, la bonne position de la jambe se maintenait encore le 6 juillet.

Le 10 août, on enlève le bandage. Bonne direction du membre.

Le 29 août, les mouvements ne sont pas plus étendus qu'avant le redressement. La marche est encore impossible.

OBS. XXI. — ANKYLOSE DE LA HANCHE.

Position à peu près normale; raccourcissement léger ; mouvements en grande partie conservés. Application de la machine à mouvements; résultat médiocre.

B... B..., 20 ans, tisserand, souffre à la hanche gauche depuis huit mois et marche avec peine. Entré à l'Hôtel-Dieu le 19 mars 1864, il présente à l'articulation coxo-fémorale une ankylose incomplète, avec position à peu près normale en tous sens, mais mouvements douloureux et incomplets.

Le 2 juin, on le met à l'appareil de mouvements dont il ne cessa de se servir jusqu'au 20 juillet. Mais il ne gagna à ce traitement qu'une grande souplesse du côté des vertèbres lombaires, ce qui quelque temps put faire illusion sur les progrès de la guérison ; mais au fond, la hanche n'a fait aucun progrès du côté des mouvements, et l'état du malade est à peu près le même, il souffre un peu et marche difficilement.

OBS. XXII. — ANKYLOSE DE LA HANCHE.

Abduction ; mouvements nuls. Rupture impossible.

M .. P..., 11 ans, entré à la Charité le 20 avril 1863, est atteint depuis fort longtemps d'une ankylose de la hanche droite; cette articulation a été le siége d'abcès dont elle garde les traces.

Abduction, pas de flexion ; mouvements *à peu près imperceptibles*. La marche s'exécute quand même avec facilité.

Le 24 juin, on tenta la rupture de l'ankylose, mais toutes les manœuvres, malgré vingt minutes d'efforts, ne réussirent pas à rompre l'ankylose et à redresser le membre.

Le lendemain, l'enfant marchait comme s'il n'avait subi aucune manœuvre violente de redressement.

Cette observation est un exemple du peu de gravité des tentatives de redressement, lorsqu'elles sont prudemment conduites. Je ne me suis pas cru autorisé à employer dans ce cas des opérations dangereuses pour obtenir la rectitude du membre, car la marche était possible, quoique avec claudication.

Obs. XXIII. — Ankylose de la hanche.

Flexion de 40°, abduction légère ; mouvements douloureux, incomplès.
Réduction, craquements très-forts ; résultat médiocre.

Il y a deux ans et demi, G... J..., 18 ans, cultivateur, sentit de la raideur dans la hanche, qui devint douloureuse il y a un an.

Il entre à l'Hôtel-Dieu le 31 juillet 1860. La cuisse est dans une flexion de 40° avec abduction légère et rotation en dehors ; cambrure des lombes, allongement apparent de quatre centimètres, mouvements très-douloureux et incomplets en tous sens.

Le 5 août, manœuvres de réduction ; un craquement très-fort se produit et fait craindre une fracture du col du fémur. Après avoir placé six pastilles de potasse autour de l'article, on applique un bandage amidonné.

Ce bandage est enlevé le 6 octobre. Aucun signe rationnel de la fracture du col ne se présente. Quant à l'articulation, elle n'est pas complètement guérie ; la douleur a disparu, mais le malade marche difficilement. Pas de mouvements. Sort en décembre.

Obs. XXIV. — Ankylose de la hanche et du pied.

Hanche. — Adduction sans flexion, raccourcissement de quatre centimètres. Rupture, amélioration du côté des mouvements.

Pied. — Extension, privation de mouvements. — Appareil; résultat incomplet.

P..., teinturier, 30 ans, par suite d'humidité, ressentit en juillet 1860 de vives douleurs à la hanche droite.

Entré à l'Hôtel-Dieu le 22 février 1862, sa jambe présente de l'adduction sans flexion avec un raccourcissement de 0,04. En même temps, le pied est ankylosé de telle sorte que la flexion est impossible; ce qui met à la marche une difficulté de plus.

Le 3 mars, manœuvres propres à assouplir l'articulation coxofémorale; craquements, redressement, bandage. Après quelques jours de souffrance, le 8 l'état général du malade semble s'améliorer.

Le bandage amidonné étant enlevé, on songe à traiter l'ankylose du pied gauche; un appareil y est appliqué; trois semaines après, la position normale est un peu recouvrée; mais le malade, en quittant, ne laisse pas le temps d'obtenir un résultat plus complet; l'articulation coxo-fémorale a retrouvé quelques mouvements, le pied est dans une extension moins prononcée; néanmoins, la marche ne sera peut-être possible qu'avec des béquilles.

Obs. XXV. — Ankylose de la hanche.

Flexion de 30°, forte adduction; raccourcissement notable, douleur, mouvements légers (déjà traitée avec succès, mais récidivée). Rupture, craquements, redressement. Bandage.

C.-A. J..., 7 ans et un mois, est entré une première fois à la Charité en janvier 1864; il y fut traité avec succès pour une ankylose qui malheureusement se reproduisit.

Admis de nouveau à la Charité le 13 juin 1864, l'enfant présente à la jambe gauche une flexion de 30 à 35° avec adduction considérable et raccourcissement de plusieurs centimètres. Un reste de mouvements a persisté, mais ils s'exécutent avec frottements rugueux et douleur violente. Etat général passable.

Le 24 juin, la rupture de l'ankylose est assez facile et se fait avec craquements; la jambe est redressée et mise en un bandage amidonné.

Pas d'accidents; le 4 juillet, la bonne position du membre persistait encore.

15 juillet, scarlatine, anasarque, mort le 25 du même mois.

Obs. XXVI. — Ankylose des deux hanches et de presque toutes les jointures du corps, surtout des côtes.

M..., âgé de 30 ans, a couché sur la terre humide pendant la guerre de Crimée et a été affecté de rhumatismes généralisés. Les articulations des membres supérieurs sont seules libres; toutes celles de la colonne vertébrale et des membres inférieurs sont ankylosées. Plusieurs séances sont employées à rompre successivement les diverses ankyloses. Chaque fois le malade est endormi et on lui pratique des mouvements assez énergiques. De plus, tous les jours on l'attache sur une chaise imaginée par Bonnet et qui est destinée à faire mouvoir les côtes et les articulations vertébrales.

Après trois mois de ce traitement, M... éprouve un soulagement remarquable. Les côtes, qui ont été massées soit avec l'appareil, soit avec les mains, pendant le sommeil anesthésique, concourent maintenant à l'acte respiratoire, ce qu'elles ne faisaient point auparavant. Le décubitus sur le ventre est devenu possible; auparavant il ne touchait un plan horizontal que par les genoux et la partie supérieure du thorax, à cause de la flexion permanente de la colonne vertébrale et des hanches. De plus, la marche est devenue possible avec l'aide d'un léger point d'appui.

Obs. XXVII. — Ankylose de la hanche.

Rupture multiple, rétablissement de la forme et des mouvements.

M. D..., affecté d'une ankylose de la hanche, fut soumis à des mouvements quotidiens et à plusieurs redressements immédiats.

Ces manœuvres eurent pour résultat d'augmenter l'amplitude des mouvements et de rendre au membre sa direction normale. Toutefois, huit mois après, M. D... se soumit à un second traitement, parce qu'il se tenait à cheval un peu de travers et qu'il avait quelque chose de légèrement défectueux dans la marche, Ce second traitement eut un plein succès. (Voir, pour plus amples renseignements, Thèse de Bonnes, Montpellier, 1860.)

OBS. XXVIII. — ANKYLOSE DE LA HANCHE ET DU GENOU.

Hanche. — *Flexion à angle droit ; légers mouvements mais seulement d'extension. Rupture sans craquement, bandage. Résultat satisfaisant.*

Genou. — *Flexion à angle droit, mouvements très-faibles, déformation de l'articulation. Rupture difficile, bandage, pas d'accidents ; amélioration notable.*

J.-M. V..., âgée de 5 ans, admise à la Charité le 13 juin 1864, est affectée d'une double ankylose à la hanche droite et au genou gauche.

Du côté droit, la cuisse est fléchie à angle de 90° sur le bassin, sans adduction ni abduction ; un léger mouvement d'extension persiste.

Le genou gauche fait aussi un angle droit, il est déformé ; on y voit des deux côtés des brides cicatricielles et des traces de fistules ; les muscles droit interne et demi-tendineux sont rétractés et saillants; l'articulation est immobile ou à peu près.

Le 21 juin, l'ankylose est rompue sans difficulté ni craquement, et le membre droit redressé est mis en un bandage amidonné. Le genou gauche offre plus de résistance ; cependant il cède au bout de dix minutes de manœuvres, sans craquement. La jambe est redressée. mais la rotule demeure immobile. Un second bandage amidonné renforcé d'attelles en fil de fer maintient le membre gauche.

Le 29 juin, aucun accident consécutif à la double rupture ne s'était manifesté ; la santé est excellente.

Le 9 juillet, on enlève le bandage gauche ; la jambe a repris en partie sa position vicieuse, mais la flexion est moindre, elle n'est plus que de 50°. Quant à la cuisse droite, elle persiste dans sa bonne direction.

Le 10 août, le genou est droit ; pas de mouvements.

Obs. XXIX. — Ankylose de la hanche.

Flexion à angle aigu, privation complète de mouvements, déformation de l'articulation. Rupture, trois bandages amidonnés, traction continue. Redressement remarquable.

B..., 30 ans, tombe de sa voiture et la roue lui passe sur le genou droit ; il s'en suit des désordres considérables, et malgré le traitement de MM. Desgranges, Pétrequin et Bondet, quatre ans après (mars 1863), M. Delore constate une flexion du genou à angle aigu, l'absence complète de mouvements dans la jointure , tellement déformée qu'il est impossible d'en reconnaître les éléments ; la rotule a disparu ; cicatrices d'abcès au creux poplité, pied enraidi dans une extension assez complète. Les orteils du pied gauche ont été atteints de gangrène et plusieurs ont perdu la dernière phalange. Il y a eu des plaques gangreneuses aux deux talons. B... pèse 180 k., il est très-pusillanime et ne peut faire quelques pas qu'avec des béquilles.

Ethérisation ; rupture par flexion, puis extension, craquements. L'extension portée à angle droit est arrêtée par la tension de la peau sur le point de se rompre et qui s'excorie déjà superficiellement. Néanmoins, avec le secours de dix aides, un énorme bandage amidonné comprenant le membre et toute la hanche est mis en place. Huit jours après, application de la traction continue qui est d'abord employée fort mal. Peu à peu B..., voyant son membre se redresser progressivement, devint courageux ; lui-même tend de toutes ses forces huit anneaux de caoutchouc, et en trois mois, le redressement est complet ; pendant ce temps, on usa trois bandages amidonnés. Depuis lors, il marche sur son pied avec un tuteur ; le membre est complètement rectiligne.

C'est là, sous plusieurs rapports, un des faits les plus remarquables que j'aie obtenus. Le succès est dû incontestament à la méthode, mixte, de même que le suivant.

*****

Obs. XXX. — Ankylose du genou.

Tumeur blanche. Ankylose. Flexion à 90°; extension nulle pour les mou-
vements. Empâtement. Rupture ; 1ᵉʳ bandage, progrès ; 2ᵉ et 3ᵉ bandage,
redressement complet. Marche facile.

C... C..., 15 ans, a été atteint il y a quatre ans d'une tumeur
blanche qui s'est terminée par une ankylose.

Il entre à l'Hôtel-Dieu le 4 novembre 1863. La jambe gauche
est fléchie à angle droit sur la cuisse ; la rotule est immobilisée,
le tibia légèrement luxé en arrière ; les parties molles péri-arti-
culaires sont le siége d'un engorgement pâteux, surtout au niveau du condyle externe du fémur. La marche est presque impossible. La flexion seule est conservée, l'extension est abolie.
L'état général est bon.

Le 10 novembre, on s'efforce de redresser le membre, auquel
on parvient à faire faire un angle obtus maintenu par un bandage amidonné. Quelque temps après, de nouvelles manœuvres
rendent encore plus obtus l'angle que forment la jambe et la
cuisse ; un second bandage est appliqué, et le malade marche
facilement avec une béquille.

Le 20 avril 1864. on enlève le deuxième bandage ; la jambe a
conservé les progrès qu'elle a faits.

Enfin le 1ᵉʳ juin, M. Delore tente le redressement complet,
qu'il obtient à peu de chose près et qu'il cherche à fixer par un
bandage ; mais le lendemain l'enfant a l'imprudence de se lever,
le bandage encore humide se coude sensiblement ; application
de la traction continue.

Le malade sort de l'hôpital le 9 août ; la jambe est droite, la
marche peu pénible et la claudication légère.

Obs. XXXI. — Ankylose du genou.

Flexion prononcée, privation de mouvements. Rupture, redressement, ré-
tablissement d'une partie des mouvements.

M... P..., 18 ans, entre le 6 août 1859 dans les services de
chirurgie de l'Hôtel-Dieu. Il y a cinq mois, à la suite d'un rhu-

matisme aigu, elle contracta une ankylose du genou. La jambe est très-fléchie, les mouvements sont nuls.

Rupture accompagnée de craquements; quelques jours après, mouvements artificiels.

Elle quitte l'Hôtel-Dieu avec la jambe très-bien étendue ; la flexion volontaire peut se faire dans un angle de 25° ; la marche, pénible sans tuteur, est facile et assez rapide au moyen de cet instrument.

Revue quelque temps après, elle marche sans claudication apparente avec l'aide d'un tuteur.

Obs. XXXII. — Ankylose du genou.

Flexion à angle droit, privation complète de mouvements. Redressement très-facile, tentative infructueuse pour rétablir les mouvements.

M... N..., 19 ans, atteinte il y a six mois d'un rhumatisme mono-articulaire au genou gauche, est affectée aujourd'hui d'une ankylose avec flexion à angle droit et abolition de mouvements.

Admise à l'Hôtel-Dieu, elle subit le redressement suivi d'une application d'un bandage amidonné. Cette première opération a été si simple qu'elle engagea à tenter le rétablissement des mouvements. Le membre fut fixé, quelques jours après, à angle droit dans un bandage amidonné ; mais lorsque cet appareil fut enlevé, la flexion persista avec ankylose complète. On fit alors le redressement continu, mais sans plus de succès. Enfin, après deux mois de tentatives infructueuses et de douleurs inutilement infligées à la patiente, on pratique de nouveau le redressement brusque et quelque temps après, la malade quitte l'hôpital dans un état satisfaisant.

Des tentatives analogues faites chez une autre jeune fille n'amenèrent pas un meilleur résultat.

Obs. XXXIII. — Ankylose du genou.

Abcès. Articulation déformée. Flexion de 77°, sub-luxation. Mouvements d'extension incomplets. Rupture, redressement par les bandages et la traction continue. Excellent résultat.

J... B..., tailleuse, 19 ans, fut affectée, il y a 10 ou 11 ans, au

genou droit, de douleurs suivies d'un développement anormal
de l'articulation avec raideur dans les mouvements. Puis vinrent
des abcès qui se succédèrent pendant plusieurs années ; la suppuration est terminée depuis quatre ans, mais le genou est volumineux, déformé, couvert de cicatrices ; la jambe droite est
faible et atrophiée, ainsi que le pied du même côté. La rotule,
perdue dans une masse de tissu fibreux, est méconnaissable et
immobile. La jambe se fléchit parfaitement, mais l'extension ne
peut se faire volontairement, les muscles extenseurs étant paralysés par l'immobilité de la rotule ; de plus, cette extension
s'arrête au point de laisser encore entre la jambe et l'axe de la
cuisse prolongé un angle de 77°.

Le 17 mai 1864, M. Delore rompt brusquement l'ankylose et
pratique le redressement ; il l'obtient jusqu'à n'avoir entre la
jambe et l'axe de la cuisse prolongée qu'un angle de 28 à 30°;
application d'un bandage amidonné.

Le 1er juin, le bandage est sec, on le coupe pour placer un
appareil à troction continue qui obtient un redressement rapide.
Le 19 juillet, le bandage amidonné est enlevé et remplacé par
un fort tuteur composé de deux longues branches articulées au
genou et se terminant à un soulier également articulé. Depuis
quelque temps, la malade marche assez facilement, sa jambe est
parfaitement droite et prend peu à peu de la force. Départ le 5
août 1864.

Obs. XXXIV. — Ankylose du genou.

*Flexion, tumeur blanche, privation de mouvements en tous sens. Double
rupture, cautérisation, redressement du membre et résolution de la tumeur.*

Mlle P..., 21 ans, par suite de séjour dans une habitation humide, fut atteinte, il y a un an, d'un rhumatisme mono-articulaire. Il en résulta au genou gauche une ankylose avec flexion,
compliquée d'une tumeur blanche.

Au troisième mois, redressement brusque ; en même temps, la
tumeur blanche est combattue par l'immobilité et les cautérisa-
tions. La résolution s'opère complètement, et la jeune fille quitte
l'hôpital marchant assez bien ; la jointure est ankylosée, mais à

peine fléchie. On lui fait un tuteur dont la malade ne se sert pas. La flexion augmente un peu ; toutefois, pour marcher, elle pouvait mettre aisément à terre la plante du pied, mais elle se garde de le faire, de crainte que sa claudication ne devienne trop apparente ; elle préfère marcher sur la pointe du pied. Le 2 mai, la malade étant endormie, avec l'aide de M. Blanc, M. Delore pratique la flexion, puis l'extension, et produit enfin tous les mouvements avec facilité ; la rotule est mobile, et le membre étant placé dans une rectitude parfaite est saisi par un bandage amidonné. Huit jours après, la malade sort hâtivement son bandage et marche sans tuteur, mais les mouvements ne sont pas rétablis.

J'ai perdu cette jeune fille de vue à une époque où les mouvements n'avaient encore pu se rétablir. C'est un cas cependant où l'on peut espérer le retour de la fonction avec de la persévérance.

Obs. XXXV. — Ankylose du genou.

Tumeur blanche, extension, privation de mouvements. Guérison de la tumeur blanche, rétablissement de quelques mouvements.

A... B..., 25 ans, est atteint depuis 10 ans, d'une tumeur blanche au genou droit, à la suite d'une nuit passée dans l'eau. Vainement traité par les médecins de son pays, par les chirurgiens de Montpellier, qui lui proposèrent l'amputation de la cuisse, et ceux de Marseille, qui ne le soulagèrent pas, il arriva à l'Hôtel-Dieu de Lyon le 14 août 1862.

Ce ne fut qu'au bout d'un an de traitement opiniâtre par les cautérisation et le repos qu'on parvint à faire diminuer le gonflement du genou et une flexion peu prononcée. L'articulation demeura raide, mais d'une manière telle que le malade marche facilement. Il parut prudent, en raison de tous les accidents dont le genou avait été atteint, de s'abstenir de tout autre traitement de l'ankylose, d'autant plus que quelques mouvements avaient été recouvrés et que le membre était dans une rectitude suffisante pour remplir ses fonctions.

Obs. XXXVI. — Ankylose du genou.

*Flexion, légère déformation. Mouvements nuls. Premier redressement, récidive.
Second redressement, amélioration.*

J.-J. O..., âgé de 8 ans et 9 mois, est affecté depuis deux ans d'une ankylose du genou droit. Redressée une première fois il y a quelques mois, la jambe ne tarda pas à reprendre sa position vicieuse.

L'enfant entre à la Charité le 24 juin 1864 ; la jambe est fléchie sur la cuisse, le genou légèrement déformé, ainsi que la rotule, ne laisse pas cependant d'exécuter quelques mouvements bornés de flexion et d'extension.

Le 6 juillet, on opère le redressement ; après quelques craquements prononcés, la rotule retrouve toute sa mobilité, ainsi que l'articulation. Bandage amidonné. Pas d'accidents, la bonne position de la jambe persiste.

Le 14 août, on enlève le bandage. Redressement complet, mouvements nuls. Marche facile avec un tuteur.

Obs. XXXVII. — Ankylose du genou.

*Abduction, mouvements incomplets. Rupture, bandage, redressement, heureux
résultat.*

L.-D. N..., 9 ans, entré à la Charité le 25 mai 1864, est atteint d'une ankylose du genou gauche qui est plus volumineux que le droit, mais non déformé. La jambe est légèrement déviée et portée dans l'abduction ; l'extension se fait jusqu'à 150°, la flexion laisse entre la cuisse et la jambe un angle de 50° ; la rotule est mobile ; au-dessous d'elle, on voit la cicatrice d'une fistule. Santé générale satisfaisante.

Le 28 juin, l'articulation est assouplie sans difficulté et sans craquements ; la jambe est maintenue dans un bandage amidonné. Pas d'accidents consécutifs ; le malade se lève et marche le 9 juillet.

Le 8 août, on enlève le bandage. Redressement complet. La flexion s'exécute dans une étendue de 30 degrés. L'enfant marche sans douleur avec un appareil.

Obs. XXXVIII. — Ankylose du genou.

Gonflement des extrémités articulaires. Abduction. Mouvements incomplétement abolis. Rupture. Redressement. Bandage amidonné. Amélioration.

F... J..., 6 ans et demi, fit une chute il y a 18 mois. Il devint boîteux, le genou se tuméfia, et la jambe fut déviée.

Le 2 juillet 1855, il offre à l'observation une tuméfaction sphérique et douloureuse du genou avec abduction du tibia et mouvements abolis, excepté du côté de la flexion. Faciès d'un individu souffrant, teint jaune, peau fébrile le soir, diminution de l'appétit.

Rupture par flexion forcée, craquements; la rotule est mobilisée; le membre est mis dans l'adduction et fixé par un bandage amidonné.

Le 18 juillet, on enlève le bandage; le genou a diminué, et se trouve dans une bonne position; les condyles externes du tibia et du fémur sont gonflés. La santé s'améliore. Le 20 juillet, le genou est légèrement dévié en dedans; on met une chaussette qui comprime tout le membre et par-dessus le tuteur du genou.

Le 1er août, l'enfant marche et fait des mouvements.

Obs. XXXIX. — Ankylose du genou.

Effort; chute. Douleur, abduction, flexion, tumeur du genou, privation de mouvements. 1er traitement. — Récidive, rupture avec section sous-cutanée; bandage, accidents, gouttière, appareils à mouvements. Redressement, amélioration de la motilité

E... H..., mécanicien, 23 ans, fit en 1852 un effort suivi de douleurs; deux ans après, une chute amena le gonflement du genou et sa flexion. Traitée une première fois, l'articulation revint à peu près à son état normal. Mais depuis 10 mois (novembre 1855), une ankylose s'est formée; la jambe fléchie à angle obtus est dans l'abduction; les mouvements sont presque nuls, et de plus le genou porte trois tumeurs, au creux poplité, à la tubérosité externe du fémur, à la tubérosité interne du tibia.

Le 11 novembre 1856, Bonnet sectionne les tendons du triceps, ceux du biceps, une pastille est placée sur la tumeur in-

terne, et quand on a rendu au membre sa position normale et
ses mouvements, on le met en un bandage amidonné. Mais des
accidents de douleur surviennent et l'on est obligé d'enlever le
bandage et de placer le malade dans une gouttière. Le 22 novembre, application de l'appareil à mouvements.

Le 21 décembre, les mouvements reviennent peu à peu, la
douleur et le volume des tumeurs diminuent; le malade marche
avec un tuteur. Bientôt il n'a besoin que d'une canne pour s'aider; le 21 février, il abandonne même ce dernier soutien. Enfin,
le malade quitte l'Hôtel-Dieu le 7 mai 1857; son genou ne présente plus trace des tumeurs précitées; il est peu douloureux et
exécute quelques mouvements. La marche est facile avec un
appareil.

J'ai relaté cette observation pour montrer quels moyens
énergiques Bonnet dirigeait contre les tumeurs blanches et
quels succès il obtenait.

OBS. XL. — ANKYLOSE DU GENOU.

*Tumeur blanche guérie; extension complète. Abolition de mouvements. Rupture
facile de l'ankylose. Vaines tentatives pour rétablir les mouvements.*

Mlle N..., 20 ans, depuis plusieurs mois a une ankylose du genou, suite d'une tumeur blanche peu grave qui a été traitée et
guérie à la Croix-Rousse par M. Drutel.

Le membre est rectiligne, c'est à peine si l'on peut imprimer
un léger mouvement à la jambe.

L'ankylose est complète, mais facile à rompre, ce qui encou-
rage M. Delore à chercher le rétablissement des mouvements.
Dans ce but, il applique l'appareil de M. Blanc. L'appareil, mis
en place à deux reprises durant trois mois de traitement, obtint
une flexion, mais le mouvement ne peut se rétablir, et aucun
résultat n'est obtenu.

OBS. XLI. — ANKYLOSE TIBIO-TARSIENNE.

*Tumeur blanche. Extension du pied, mouvements abolis. Guérison de la tumeur.
Section du tendon d'Achille; bandage amidonné, extension continue. Rétablissement de quelques mouvements. Amélioration.*

A la suite d'une entorse, il y a deux ans et demi, C... J....

19 ans, cultivateur, fut atteint d'une tumeur blanche au pied droit, et depuis quatre mois et demi, l'articulation tibio-tarsienne est le siége d'une ankylose. Il entre à l'Hôtel-Dieu le 1er octobre 1863.

Après un traitement énergique, la tumeur blanche se résout, et la douleur disparaît ; mais le jeune homme ne peut marcher, car le dos du pied fait avec la jambe un angle droit et la pointe du pied repose seule sur le sol. M. Delore fait la section sous-cutanée du tendon d'Achille et place le membre dans un bandage amidonné. Huit jours après, l'extension continue est appliquée par-dessus le bandage ; le pied se fléchit, recouvre quelques mouvements, et le malade part le 15 février 1864, il marche assez facilement avec un tuteur.

Obs. XLII. — Ankylose tibio-tarsienne.

Entorse, abcès, tumeur blanche. Ankylose, extension, déviation en dedans, perte de mouvements. Guérison de la tumeur blanche. Bandage, traction continue. Redressement, amélioration de la forme et de la motilité.

E... B..., agriculteur, 20 ans, fut atteint au pied gauche d'une entorse à la suite de laquelle survinrent des abcès, puis une tumeur blanche.

Entré à l'Hôtel-Dieu le 11 novembre 1863, il fut soumis à un traitement énergique qui résolut complètement la tumeur au bout de cinq mois. Mais le pied ankylosé est dévié de dehors en dedans et persiste dans une extension presque complète ; l'articulation tibio-tarsienne a perdu ses mouvements.

On applique d'abord un bandage amidonné, puis l'appareil à traction continue. Au bout d'un mois, le pied était à peu près droit ; la position normale fut complètement ramenée par le soulier à tuteur de M. Blanc. Quant aux mouvements, l'articulation tibio-tarsienne en a recouvré une quantité suffisante pour permettre une marche facile.

J'ai traité plusieurs autres ankyloses tibio-tarsiennes par le même procédé et je n'ai eu qu'à me louer des moyens employés. Dans un cas cependant, il se produisit quelques

accidents. Longtemps après une vaste brûlure de la jambe,
le pied s'ankylosa dans l'extension. Je coupais le tendon
d'Achille ; la section suppura. Cet abcès s'étant rapidement
guéri, je fis la traction continue, et le malade put marcher
sur la plante du pied.

Obs. XLIII. — Ankylose de l'épaule.

*Abcès, chute, abduction, privation incomplète de mouvements, Rupture brusque ;
rétablissement d'une partie des mouvements.*

Au commencement du mois d'août 1864, L... A..., âgée de 12
ans, fut atteinte d'un abcès de la partie supérieure du bras droit.
Vers la même époque, l'enfant fit une chute qui contusionna
l'articulation huméro-cubitale, et après trois jours de repos, les
mouvements se trouvèrent abolis. On fit des frictions iodées,
l'abcès perça, mais le bras demeura immobile.

A son entrée à la Charité, le 3 juillet 1864, le bras est dans une
abduction assez prononcée ; la rotation, l'extension paraissent
abolies ; il reste un léger mouvement d'adduction.

Le 9 juillet, l'éthérisation permet de constater l'état de l'épaule
et de ses mouvements ; en réalité, l'articulation fonctionne encore en tous sens, mais dans un cercle fort borné ; les mouvements forcés qu'on lui imprime pour l'assouplir s'obtiennent
avec quelques craquements, sans beaucoup de difficulté, mais
ne peuvent dépasser un certain point, surtout du côté de l'abduction. Un effort, destiné à briser l'obstacle, le rompt avec un
craquement tel qu'on put croire à une fracture de l'apophyse
coracoïde ; mais le lendemain de l'opération, ni le gonflement
inflammatoire, ni aucun autre signe ne vinrent confirmer cette
crainte, et le bras de la malade, en possession de tous ses mouvements, fut fixé et soutenu par une écharpe. Aujourd'hui, 29
août, l'épaule est dans un état très-satisfaisant, elle n'est plus dans
l'abduction, a recouvré la majeure partie de ses mouvements et
n'est le siége d'aucune douleur.

OBS. XLIV. — ANKYLOSE DU COUDE.

*Abcès fistuleux. Flexion à angle droit. Mouvements en partie conservés. Guérison
des abcès. Mouvements artificiels ; résultat nul.*

J.-E. A..., 8 ans et 5 mois, entré à la Charité le 16 avril 1864,
a le coude gauche déformé et anormalement développé. Il porte
la trace de nombreux abcès qui, à diverses époques, ont percé
en tous sens. Aujourd'hui, toutes les ouvertures fistuleuses sont
desséchées. Le coude est dans une position qui se rapproche de
l'angle droit ; la flexion et l'extension peuvent se faire encore
dans un angle de 50° : la rotation de l'avant-bras sur le bras est
conservée.

On espère détruire l'ankylose et rétablir complètement les
fonctions de l'articulation, en lui imprimant tous les jours des
mouvements forcés ; mais le malade se prête peu à cet exercice
qu'il évite le plus souvent ; aussi, le 25 août, après deux mois de
ce traitement négligemment appliqué, le résultat est-il à peu
près nul.

OBS. XLV. — ANKYLOSE DU COUDE.

*Luxation méconnue ; ankylose avec extension complète et perte totale de mouve-
ments. Rupture par des mouvements de latéralité, puis de flexion et d'extension.*

Un homme de 45 ans environ était affecté d'une luxation du
coude qui avait été méconnu ; l'avant-bras était presque en ligne
droite avec le bras. Bonnet, malgré l'ancienneté de la lésion,
endormit le sujet, pratiqua la rupture de l'ankylose et plaça l'a-
vant-bras à angle droit sur le bras. Aucun accident n'eut lieu.
Cette rupture est certainement un des faits les plus remarquables
de la pratique de Bonnet. La flexion et l'extension étant impossibles après des tentatives multipliées, le chirurgien chercha à
produire des mouvements de latéralité ; petit à petit, les deux
os s'ébranlèrent, les adhérences se rompirent. Cela fait, on put
fléchir le membre et l'étendre, de telle sorte qu'à la fin toutes les
attaches unissant les deux os étaient rompues, et ils jouissaient
l'un sur l'autre d'une extrême mobilité.

Dans un cas où Bonnet avait cherché la rupture de l'ankylose du coude, on vit les mouvements se rétablir aussitôt après la fracture de l'olécrâne.

Plusieurs fois, j'ai eu occasion de fléchir le coude pour des cas d'ankylose, il ne m'est survenu aucun accident.

OBS. XLVI. — ANKYLOSE DE LA MAIN.

Fracture du radius. Bandage. Ankylose de la main avec perte de mouvements Guérison de la fracture. Mouvements artificiels fréquents; rétablissement des fonctions de la main et des doigts.

Mme L..., âgée de 60 ans, se fracture le radius ; on fait la réduction et on applique un bandage amidonné. On l'enlève au bout d'un mois ; après ce temps, la fracture est bien consolidée, mais les mouvements de la main étant très-douloureux, Mme L..., malgré les recommandations de M. Delore, garde une complète immobilité à laquelle succède une ankylose.

Cinq mois environ après sa fracture, Mme L... se décide à écouter les conseils de M. Delore et à subir des mouvements des doigts. Trois fois par semaine elle venait dans son cabinet, et il lui faisait mouvoir toutes les jointures. Après quatre ou cinq mois de ce traitement douloureux courageusement supporté, la malade avait retrouvé toutes les fonctions de ses doigts.

OBS. XLVII. — ANKYLOSE DE LA MAIN.

Phlegmon, carie des métacarpiens. Ankylose et privation de mouvements. Eaux de Balaruc, Lamothe et Aix ; rétablissement des mouvements.

M. D..., ingénieur, 30 ans, à la suite d'une fièvre grave, est affecté d'un phlegmon érysipélateux de la main droite. Deux ou trois ouvertures insuffisantes sont pratiquées pour l'écoulement du pus. Malgré les conseils de M. Delore, le malade ne veut se soumettre à aucun moyen rationnel susceptible de favoriser l'évacuation du pus et la résolution de l'engorgement de la main. Pendant trois ans environ, il se forme divers abcès à la main qu'il garde dans une inaction parfaite ; au bout de ce temps, tous les abcès sont guéris et les articulations ankylosées. M. D... prend alors successivement les eaux de Balaruc, de Lamothe et

d'Aix, et le mouvement revint progressivement. Aujourd'hui,
quatre ans après le début des accidents, il a recouvré une partie
de la souplesse de sa main ; il lui manque encore la force.

OBS. XLVIII. — ANKYLOSE DE LA MAIN.

*Brides cicatricielles. Flexion du poignet et des doigts. Mouvements presque abolis.
Section musculaire. Gangrène ; pas de résultat. Traction continue ; résultat
incomplet, mais notable.*

Il y a trois ans, S..., 15 ans, eut la main prise dans une machine à carder. La face palmaire, ainsi que le tiers inférieur de
l'avant-bras furent dilacérés. La plaie se cicatrisa, mais à l'entrée de l'enfant à l'Hôtel-Dieu, le 9 mai 1860, la main atrophiée
fait avec l'avant-bras un angle de 75°, la première phalange et
l'axe des métacarpiens font un angle de 50°; il en est de même
de la deuxième phalange avec la première. Une bride cicatri-
cielle réunit le tiers inférieur de l'avant-bras et le bord externe
de la face palmaire de la main ; une autre bride attache le pouce
à l'index ; le reste de la main est sillonné de cicatrices. Les mouvements sont limités par les brides ; le poignet et les phalanges
phalanges conservent à chaque articulation assez de flexion pour
rapprocher à quelques millimètres les extrémités des doigts et
du pouce ; ce dernier n'a plus d'abduction,

Le 16 mai, section cutanée qui forme à la face palmaire de la
main un lambeau triangulaire à base tournée en haut ; section
de l'aponévrose antibrachiale et du grand palmaire. La rétraction
persiste. Quelque temps après, la gangrène s'empare du lambeau.
Quand la plaie est fermée, application de la traction continue ;
cette fois, un progrès sensible apparaît de jour en jour. Mais
le malade part avant que le succès soit complet ; néanmoins, sa
main s'est redressée dans un angle de 15 à 20°.

OBS. XLIX. — ANKYLOSE DU POIGNET ET DE LA MAIN.

*Douleurs articulaires. Ankylose avec extension et privation de mouvements. Fric-
tion et application continue de mouvements artificiels forcés. Bon résultat sous
tous les rapports.*

M... D..., tisseuse, 19 ans, après avoir habité un logement humide, fut atteinte en mars 1864 de douleurs articulaires dans les

deux membres supérieurs. Entrée le 21 mars dans un service de médecine, les soins de M. Meynet firent disparaître la douleur et l'œdème du bras droit, ainsi que de la partie supérieure du membre gauche ; mais de ce côté, le poignet et la main tout entière demeurèrent ankylosés, de sorte qu'à son entrée en chirurgie le 16 juillet 1864, la jeune fille était incapable de se servir de ses doigts et de sa main ; phalanges et métacarpe étaient dans une extension complète. Quant aux mouvements, il n'en restait que des traces, seulement du côté des phalanges.

On ordonna les frictions au baume de Lausanne et chaque jour on s'efforça, en parcourant les articulations les unes après les autres, de leur imprimer des mouvements artificiels. De jour en jour, un progrès se montra, et aujourd'hui (10 septembre) les mouvements de flexion, rétablis aux trois quarts du côté des phalanges, le sont au moins à moitié au poignet et au métacarpe. Les mouvements volontaires commencent aussi à se produire. La mobilité dans les autres sens se rétablit aussi peu à peu. La douleur a disparu. L'état général est excellent. Tout laisse espérer un rétablissement complet des fonctions.

CONCLUSIONS.

Je terminerai en émettant les proposilions suivantes :

1° Le redressement des ankyloses est utile pour amener la résolution du mal, s'il persiste; pour permettre l'application d'un tuteur et la fonction du membre ;

2° La rupture brusque avec assouplissement doit s'appliquer surtout aux ankyloses avec douleurs, et à certaines articulations, comme la hanche et l'épaule;

3° Le redressement lent convient aux ankyloses sans douleur ; il se fait avec un tuteur chez les enfants et dans les cas simples, avec des appareils disposés sur un bandage amidonné pour les cas compliqués. La traction élastique par la continuité de son action est supérieure à tous les autres procédés ;

4° La méthode mixte triomphe de certaines ankyloses qui résistent aux deux moyens précédents ;

5° Les accidents sont rares à la suite du redressement, ils peuvent être évités par des manœuvres prudentes ;

6° Utile dans quelques circonstances, la ténotomie n'est point nécessaire dans la majorité des cas, grâce à l'éthérisation et à la traction continue ;

7° Quand une ankylose ne peut être rompue par des efforts modérés et qu'il importe de redresser, on est, je crois, autorisé à produire une fracture dans le voisinage plutôt que d'employer l'ostéotomie cunéiforme, qui est une opération fort dangereuse, tandis que les fractures ont eu des suites fort simples dans tous les cas;

8° On peut toujours espérer voir le mouvement se rétablir à la suite d'une ankylose; à moins qu'elle n'ait résisté à des efforts de rupture. Le mouvement peut revenir promptement, si le mal est récent;

9° Il est exceptionnel de voir le mouvement se rétablir immédiatement après une rupture d'ankylose, malgré un assouplissement bien fait;

10° Le redressement brusque ou lent a souvent aidé et jamais entravé le retour des mouvements;

11° Le retour des mouvements est surtout favorisé par le massage, les frictions, les douches, les eaux minérales et les mouvements communiqués par le chirurgien.

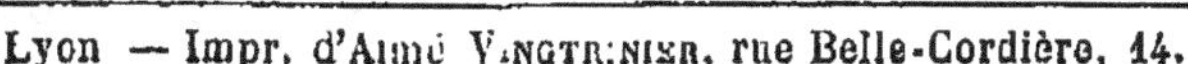

Lyon — Impr. d'Aimé Vingtrinier, rue Belle-Cordière, 14.

Lyon. — Imp. d'Aimé Vingtrinier, rue Belle-Cordière, 4.